AF368822

colección

Nuevas teorías económicas
dirigida por Julio C. Neffa y Héctor Cordone

Título original: Psychopathologie du travail
Traducción: Gabriela Neffa
Supervisión técnica: Julio César Neffa
Corrección: Graciela Torrecillas
Diseño y composición: Irene Brousse y Gerardo Miño

Ouvrage publié avec le soutien du Centre national du livre –
Ministère français chargé de la Culture
Obra publicada con el apoyo del Centre national du livre –
Ministère français chargé de la Culture

Edición: Primera. Junio de 2014
Tirada: 1200 ejemplares

ISBN: 978-84-15295-57-0

Página web: www.minoydavila.com

Mail producción: produccion@minoydavila.com
Mail administración: info@minoydavila.com

En España: Miño y Dávila Editores s.l.
P.I. Camporroso. Montevideo 5, nave 15
(28806) Alcalá de Henares, Madrid.

En Argentina: Miño y Dávila s.r.l.
Tacuarí 540. Tel. (+54 11) 4331-1565
(C1071AAL), Buenos Aires.

CHRISTOPHE DEJOURS
ISABELLE GERNET

Psicopatología del trabajo

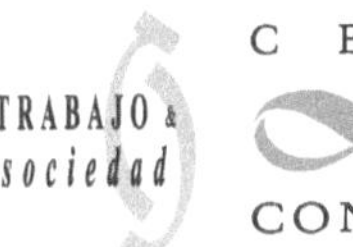

Índice

Introducción

Los trastornos psicopatológicos ligados al trabajo se han convertido en un desafío importante en los niveles social y político, tal como lo refleja la sucesión de comisiones y de informes elaborados desde hace algunos años en Francia, en procura de tomar medidas de prevención (Commission "Violence, travail, emploi, santé" du plan Violence et Santé [Comisión "Violencia, trabajo, empleo, salud" del plan Violencia y Salud], 2005; RapportNasse-Légeron, 2008; Commission de réflexion sur la souffranceautravail [Comisión de reflexión sobre el sufrimiento en el trabajo], UMP et Nouveau Centre, 2009; Informe del Senado sobre sur le "Mal-êtreautravail" [Malestar en el trabajo], 2010; Rapport Gollac y Bodier, 2011). Los especialistas responsables de las cuestiones de seguridad en el trabajo, así como los economistas, ponen énfasis en el costo generado por los problemas de salud física y mental para las empresas y los Estados (J.M. Stellman, 2000). La demanda social y los debates en el espacio público, muchas veces formulados en términos de "riesgos psicosociales" y de "estrés" en el trabajo, cuestionan fuertemente los vínculos entre sufrimiento psíquico y trabajo. En cuanto a los médicos clínicos que intervienen en el campo de la psicopatología, se ven confrontados cada vez más a menudo con pacientes que presentan trastornos psicopatológicos, para los cuales la anamnesis pone en evidencia obstrucciones planteadas por el vínculo subjetivo con el trabajo. En el contexto de la elaboración de una iniciativa terapéutica, el médico clínico debe estar en condiciones de aplicar una teoría del trabajo, además de sus conocimientos sobre el funcionamiento psíquico, para poder apreciar la prueba que representa el trabajo para la subjetividad, lo cual no es tan corriente.

Esta obra propone una presentación de los fundamentos teóricos que permiten volver accesibles y dar significado a las conductas humanas en situación de trabajo. En efecto, el trabajo ocupa un lugar decisivo en los procesos involucrados en la construcción de la salud mental, como también así en el desencadenamiento de los trastornos psicopatológicos. La psicopatología del trabajo, expresión propuesta por primera vez por P. Sidavon en 1952, puede definirse como el análisis psicodinámico de los procesos intra-psíquicos e intersubjetivos que se manifiestan a partir del encuentro con el trabajo. La expresión "psicopatología del trabajo" se refiere por lo general a un conjunto de conocimientos teóricos que tratan las repercusiones patógenas del trabajo sobre la salud mental. Sin embargo, las investigaciones clínicas desarrolladas a partir de los primeros trabajos en psicopatología del trabajo en los años 1950-1960, pusieron en evidencia que el análisis de los vínculos entre salud mental y trabajo pasaba en realidad por el esclarecimiento de los procesos psíquicos normales movilizados en el trabajo. El funcionamiento psíquico y la vida afectiva se ven inevitablemente desestabilizados por la confrontación con la realidad del campo social, en cuyo seno el vínculo con el trabajo ocupa un lugar central. El trabajo se presenta como un mediador irreemplazable entre inconsciente y campo social, porque brinda al sujeto la posibilidad de subvertir los determinismos que pesan sobre su identidad. Sin embargo, en muchas situaciones, suele suceder que el dominio que pueda ejercer el sujeto respecto de los conflictos irresolubles a los cuales se ve confrontado, se salde por un fracaso. La crisis que se instala en el registro de la identidad se manifiesta entonces bajo la forma de síntomas psicopatológicos y/o somáticos.

La investigación clínica del vínculo subjetivo en el trabajo, que apunta a dar cuenta del conflicto entre la organización del trabajo y el funcionamiento psíquico, se basa sobre la tesis de la centralidad del trabajo en la construcción de la identidad individual. Pero, ¿qué es lo que se entiende por "centralidad del trabajo"? ¿Qué lugar ocupa respecto de la tesis de la centralidad de la sexualidad, defendida por el psicoanálisis, en la constitución de la identidad? ¿Cuáles son los procesos psíquicos responsables de la aparición de descompensaciones psicopatológicas en situación de trabajo?

La *primera parte* aborda los fundamentos históricos y conceptuales del vínculo subjetivo en el trabajo, con el fin de comprender en qué condiciones y según qué modalidades el funcionamiento psíquico puede verse movilizado en el trabajo. La resistencia al sufrimiento generado por las restricciones del trabajo involucraa la personalidad entera, a partir del despliegue de defensas que tienen impactos mayores sobre el conjunto de la economía psíquica, somática y familiar del sujeto. La normalidad resulta entonces de las estrategias defensivas elaboradas para resistir a aquello que se presenta como desestabilizador en la vivencia del trabajo. Sin embargo, la movilización subjetiva en el trabajo no puede analizarse en su totalidad por referencia a la dinámica intra-psíquica, sino que depende también de ciertos procesos intersubjetivos, debido a la inscripción del sujeto en los vínculos sociales de trabajo.

La *segunda parte* trata las principales entidades psicopatológicas vinculadas al trabajo. El análisis etiológico apunta a dar cuenta de la manera en que la dificultad del trabajo puede volverse patógena y entonces ser una amenaza para la salud mental, a partir de la aclaración del destino de los procesos intra-psíquicos e intersubjetivos comprometidos en el vínculo con el trabajo.

La última parte expone las modalidades de intervención y los dispositivos institucionales que se responsabilizan de los trastornos psicopatológicos vinculados al trabajo. Considerando los desafíos individuales, pero también sociales y políticos de las situaciones en psicopatología del trabajo, las acciones que toman a su cargo las descompensaciones, movilizan a un conjunto de actores cuyos principales referentes serán presentados (juristas, médicos laborales, psicólogos, inspectores del trabajo, etc.).

I / Psicopatología y psicodinámica del trabajo: enfoque conceptual

Tradicionalmente, la clínica médica aborda los vínculos entre patología y trabajo desde el punto de vista de la salud física, identificando patologías profesionales (cuadros de enfermedades profesionales) desencadenadas por factores patógenos provenientes del entorno laboral. En cuanto al análisis de los vínculos entre trabajo y salud mental, que ocupa el frente de la escena en el período contemporáneo, tiene su origen en la psiquiatría y en el psicoanálisis (y no en la psicología clínica o la psicología laboral).

1 / Los psiquiatras y el trabajo

Surgimiento de la psicopatología del trabajo

Las preocupaciones de los psiquiatras en cuanto al papel del trabajo en la génesis de los trastornos mentales, se inscriben en Francia en las prácticas psiquiátricas de posguerra, marcadas en particular por la reintegración social de los inválidos y mutilados de guerra. Paralelamente a estas reflexiones sobre la responsabilidad del cuidado de los enfermos (que culminan con el surgimiento de prácticas innovadoras como la creación de talleres protegidos o de la ergoterapia) se presta especial atención a la función del trabajo en favor de la salud mental. La puesta en práctica de terapéuticas activas dentro del hospital suscita entonces interrogantes sobre el rol que puede ocupar el trabajo en la readaptación a la vida social y profesional. Al mismo tiempo, estos psiquiatras tratan de identificar los signos precursores de los *efectos patógenos del trabajo*, preocupados por sensibilizar a las asociaciones o grupos de profesionales involucrados en la prevención de los trastornos psicoafectivos generados por el trabajo. En efecto, el desarrollo de los métodos del taylorismo y del fordismo en Francia –que se caracteriza por un proceso de racionalización del trabajo mediante su organización científica– está acompañado por un desinterés respecto del sujeto trabajador y de lo que aporta específicamente a la calidad del trabajo. (I. Billiard, 2000).

El poder patógeno del trabajo es considerado en el contexto más general de las discusiones que tratan de la génesis de las enfermedades mentales, siendo una de sus etapas importantes el coloquio de Bonneval, en 1946 (H. Ey, 1946). Los debates respecto del origen de las enfermedades mentales conducen en efecto a posiciones contrastadas respecto del rol del trabajo y de las relaciones sociales en la etiología de la locura. Mientras que H. Ey defiende su teoría del organodinamismo basada en el determinismo individual de la enfermedad, consecutiva de la disolución de la conciencia resultante de la desorganización orgánica de las funciones psíquicas (organogénesis), J. Lacan le contrapone la tesis de la causalidad psíquica y de la primacía del deseo, haciendo referencia al psicoanálisis, con la aparición de una descompensación (psicogénesis). La tesis de la sociogénesis de las enfermedades mentales será sostenida por S. Follin y L. Bonnafé, que insisten sobre los sucesos, sobre el encadenamiento de las situaciones vividas, así como sobre las características de las relaciones sociales. J. Rouart, basándose en los trabajos sociológicos de E. Durkheim, busca defender una posición intermedia entre psicogénesis y sociogénesis de la enfermedad mental: los aspectos reactivos de los síntomas y su forma podrían estar moldeados por un cierto número de factores sociales.

Estos debates contribuyen a despejar progresivamente el rol del medio social, aprehendido también a partir de la reflexión de ciertos psiquiatras sobre la *condición social*, como susceptible de favorecer el desencadenamiento de síntomas psicopatológicos en individuos que presentan un "terreno" o predisposiciones psicológicas particulares.

Los fundadores de la psicopatología del trabajo en los años 1950 se dividen entonces entre la concepción organodinámica y la concepción sociogénética de las perturbaciones mentales para responder a la siguiente pregunta: ¿puede el trabajo enloquecer a una persona? La tradición médica sobre el papel del trabajo en la patología, retomada por la institucionalización de la medicina del trabajo en 1946, favorece en este período una concepción dicotómica de la salud (salud mental/salud física).

La dimensión terapéutica del trabajo

Una vez finalizada la segunda guerra mundial, se ponen en práctica progresivamente dispositivos que favorecen la resocialización y la readaptación por fuera del hospital psiquiátrico, abriendo así la vía a terapias por el trabajo, siendo F. Tosquelles una de las figuras de mayor influencia. Mientras que sus contemporáneos se interrogan sobre la adaptación al trabajo y sus efectos alienantes (*cf. infra*), él defiende la tesis según la cual el trabajo, cuando se inscribe en un sentido integrado con el funcionamiento de la institución, hace de esta última una herramienta terapéutica que permite transformar los vínculos entre cuidadores y cuidados. Los talleres terapéuticos están en el corazón de este dispositivo de cuidados, al otorgarle a la actividad un lugar central desde el punto de vista relacional, institucional y psíquico. El foco está entonces puesto ya no sobre la "ocupación" de los pacientes en actividades variadas, sino sobre el proceso de "humanización" implementado por la organización social y los intercambios hechos posibles mediante el ejercicio del trabajo y del lenguaje en la institución. En efecto, Tosquelles postula que el trabajo contiene los mecanismos propios de la "elaboración del hombre por sí mismo". El compromiso con el proceso de sanación implementado por la función de cuidados no es exclusivo del personal sanitario (médicos, enfermeros). El enfermo se vuelve cuidador de sí mismo por "el esfuerzo y la pena que soporta en el trabajo". (F. Tosquelles, 1967). El trabajo terapéutico insiste en la toma de conciencia de las relaciones interpersonales y de los vínculos sociales suscitados por el trabajo. No se apunta como primera intención a la desaparición del síntoma, sino al proyecto de "hacer trabajar a los enfermos y al personal de cuidados, para cuidar la institución". El rol mayor otorgado a la actividad que se arraiga en el sujeto y se despliega en el mundo social revela los dos polos en torno de los cuales se desarrolla la dinámica del trabajo: entre *subjetividad* y *sociedad*. Los conflictos que surgen del encuentro con la actividad de trabajo pueden asumir formas de expresión socializadas, en la medida en que, para Tosquelles, el trabajo exige en particular una movilización específica de la agresividad (tanto de los pacientes como del personal de cuidado), lo que conlleva efectos sobre el vínculo del enfermo con su propio cuerpo. De la confrontación con este rol estructurante del trabajo pueden esperarse así "reencuentros" con el cuerpo, cuya vivencia es particularmente desorganizada por la experiencia de la psicosis.

De la problemática de la adaptación social a la tesis de la alienación social

Los vínculos entre salud mental y trabajo se tratan de forma completamente específica por los psiquiatras que trabajan en el seno de la Liga francesa de higiene mental, creada por Paul Sivadon en 1951. El objetivo de este organismo es la prevención de los trastornos mentales y la definición de las condiciones de entorno de trabajo capaces de sostener la inserción y la reinserción de los enfermos mentales. La práctica de P. Sivadon, al igual que su enfoque de la psicopatología del trabajo, se basan sobre una concepción de la *adaptación* posibilitada por intermedio del trabajo. El principio de la terapia psiquiátrica es la "restauración lo más completa posible del valor social del enfermo" (P. Sivadon, 1951) en la medida en que la enfermedad mental constituye una alteración de la persona con su mundo. Una adaptación social mantenida, o recuperada, aparece como una dimensión central de la cura del enfermo, en la cual el trabajo representa al mediador privilegiado de esta *adaptación al mundo*. Se trata entonces, desde el punto de vista de los sanadores, de identificar un entorno de trabajo y tipos de actividad que permitan el ejercicio de las aptitudes intelectuales y sensitivo-motrices de los enfermos, incluso si éstas están alteradas por el proceso mórbido. Paralelamente a estas elaboraciones relativas a las funciones y al marco de la terapia por el trabajo, P. Sivadon se interroga sobre la existencia de trastornos mentales inducidos de manera específica por el trabajo. Entre los factores patógenos del trabajo, Sivadon identifica en particular una duración de trabajo elevada (mayor a 75 horas por semana), un trabajo considerado como aburrido, un trabajo que exige por el contrario una atención sostenida y constante, un trabajo que deja poco lugar a la iniciativa y a la responsabilidad técnica personal, un trabajo sedentario insuficientemente diversificado (J. Torrente, 2004). Esto lo conducirá a emprender la creación de estructuras institucionales a cargo de las patologías mentales vinculadas al trabajo (consultas terapéuticas en el seno de la asociación *l'Élan retrouvé*[1]) y a privilegiar una perspectiva de prevención de los trastornos mentales en el trabajo por medio de grupos de reflexión multidisciplinarios que trabajen sobre las consecuencias de las condiciones de trabajo. Sin embargo, tanto en su concepción del trabajo terapéutico como en sus elaboraciones relativas al trabajo patógeno, la materialidad del trabajo finalmente no es interrogada (I. Billiard, 2002). En otros términos, el trabajo sigue siendo identificado como un mediador de la relación establecida entre el sujeto y el mundo, sin que las modalidades de compromiso de la personalidad en las actividades realizadas sean verdaderamente tomadas en cuenta.

Claude Veil (C. Veil, 1957), hombre cercano a Sivadon, será quien aborde la cuestión del significado del trabajo para el sujeto en el análisis de las relaciones entre condiciones objetivas de trabajo, experiencia subjetiva y manifestaciones psicopatológicas. Las discusiones relativas a la etiología de las manifestaciones psicopatológicas se organizan en gran medida en torno de la entidad clínica representada por la fatiga, interpretada como el principal signo de la "desadaptación" al trabajo. A pesar de la diversidad de las actividades profesionales estudiadas, las descripciones clínicas son convergentes: "sobrecarga intelectual", "síndrome subjetivo común de la fatiga nerviosa", "estado de agotamiento", todos estos son títulos que apuntan a dar cuenta de la acción del exceso de trabajo sobre el sistema nervioso central, culminando en una astenia física y psíquica, trastornos de la regulación del sueño, así como perturbaciones de la vida familiar y social. Sin embargo, la fatiga contiene aspectos paradojales que cuestionan a los enfoques fisiológicos en términos de sensación penosa causada por el esfuerzo:

- el descanso no alcanza en todos los casos para hacer ceder el estado de fatiga, algunos sujetos se ven incluso llevados a incrementar el estado de fatiga con vistas a favorecer el reposo;
- la inactividad conduce a estados de agotamiento y de fatiga.

Fatiga nerviosa y fatiga crónica rebelde al reposo plantean entonces un problema etiológico a los profesionales de la salud en el contexto de las nuevas formas de racionalización del trabajo, donde el esfuerzo físico se ve sin embargo reducido por la introducción de las máquinas y por la división de tareas.

La "*carga psíquica*" de trabajo se diferencia progresivamente de la carga física, apreciada por una parte a partir de mediciones y de cuantificación de las condiciones y del entorno de trabajo sobre el organismo, y por otra parte, de la carga mental planteada por los trabajos en ergonomía (J.C. Spérandio, 1984), que concierne a las dimensiones cognitivas y psicosensoriales comprometidas en la ejecución de una tarea,. Ya no se trata solamente de considerar la etiología fisiológica de la fatiga referida a la solicitud prolongada de los órganos, sino el problema psíquico planteado por el vínculo del sujeto con una tarea que favorece la represión o la inhibición de la actividad psíquica espontánea. Estas primeras descripciones anuncian los desarrollos posteriores en torno de la noción de estrés y el retorno de la fatiga bajo la apelación contemporánea de agotamiento profesional o *burn out.*

Neurosis experimental y trabajo

Siguiendo a Bonnafé y Follin, otros psiquiatras como J. Bégoin y L. Le Guillant se interesan por su parte en las consecuencias patógenas del trabajo sobre los individuos a partir de la referencia a los procesos psicofisiológicos que subyacen en los trastornos mentales encontrados en ciertas categorías profesionales. Sus investigaciones apuntan a identificar *síndromes específicos a las restricciones de trabajo.*

El principal estudio que L. Le Guillant realizó junto con J. Bégoin se desarrolla en el correo durante los años 1950 y se refiere al trabajo de los telefonistas, lo que los llevó a identificar un síndrome específico vinculado con las condiciones materiales y psicológicas del trabajo: la "neurosis de los telefonistas y de los mecanógrafos". Dentro de esta población de mujeres jóvenes, las licencias de larga duración por "fatiga nerviosa" eran frecuentes y planteaban problemas prácticos a empleadores y médicos, que se veían obligados a formular hipótesis diagnósticas sobre los trastornos nerviosos presentados por estas profesionales. Su trabajo consiste en conectar a los abonados, con el menor tiempo posible de espera, sin ninguna gestión posible sobre el flujo de llamados: ni bien se libera una línea, un nuevo llamado llega y es anunciado por un timbre en el casco. Deben entonces responder según una fórmula estándar: "Hola-buenos días-París-718-lo escucho…". Su actividad está sometida al control estricto de las supervisoras y se traduce en una vigilancia y una concentración sostenidas a lo largo de toda la jornada de trabajo. La queja generalizada de las telefonistas se centra en la sensación de "enloquecer" y en el transcurso de la investigación clínica se identificaron:

* trastornos del sueño (hipersomnia diurna e insomnio nocturno);
* trastornos somáticos (cefaleas, vértigos, temblores, náuseas, trastornos digestivos, trastornos de los ciclos menstruales);
* trastornos cognitivos (de la memoria y de la atención, olvidos de objetos personales, desorientación espacio-temporal, dificultades para seguir una conversación, dificultades en la lectura);
* trastornos en el humor y en el carácter (indiferencia, irritabilidad, sentimiento de abatimiento profundo una vez fuera del trabajo, no soportar que les dirijan la palabra, "crisis de nervios", hipersensibilidad al ruido, tristeza, ideas suicidas, inestabilidades importantes).

Su vida entera y su involucramiento psíquico están centrados por completo en el trabajo, en perjuicio de las actividades por fuera del mismo, lo que se traduce en una vida social muy reducida. Los días de descanso no son suficientes para lograr vencer el estado de agotamiento, lo que da cuenta del costo psíquico generado para hacer frente a las restricciones del trabajo.

El análisis de L. Le Guillant y J. Bégoin de los trastornos presentados por las telefonistas, y en particular el "síndrome subjetivo común de la fatiga nerviosa" se refiere al modelo de la neurosis experimental de Pavlov. Los trabajos de ritmos muy sostenidos producirían modificaciones de la actividad nerviosa superior expresada en el fenómeno clínico general de la sobrecarga (de L. Le Guillant, J. Bégoin, 1957). El aporte principal de Le Guillan y Bégoin al análisis de las manifestaciones psicopatológicas presentadas por las telefonistas reside en que realmente son las *condiciones concretas del trabajo* el núcleo central alrededor del cual se organiza la sintomatología clínica variada que da cuenta del "vínculo dialéctico" establecido entre factores psicológicos y fatiga nerviosa. De manera más general, en la perspectiva defendida por L. Le Guillant, la psicopatología del trabajo encuentra su inscripción en una psicopatología social en la que la alienación mental mantiene vínculos estrechos con la alienación social resultante de los determinismos sociales, lo que muestra su famoso estudio de las "empleadas para todo servicio" (*bonnes à tout faire)*[2] (L. Le Guillant, 1963). A partir de su experiencia clínica en un hospital de mujeres, en el cual el autor constata que las mucamas están sobredimensionadas entre las pacientes, y a partir del análisis del "caso de las hermanas Papin", interroga el poder patógeno de la "condición doméstica". Su análisis de la condición –definida como una "situación dominante" de la cual es imposible sustraerse– permite plantear hipótesis sobre los procesos psíquicos movilizados en las situaciones de servidumbre y de dominación.

Estos análisis, que constituyen referencias clásicas en psicopatología del trabajo, son utilizados por varios autores contemporáneos para investigar los procesos psicopatológicos en juego en los empleados del sector de los servicios, que representan alrededor del 70 % de los empleados en Francia (P. Molinier, 2005; J.C. Coffin, 2005). El trabajo del rubro servicios se caracteriza por un contacto temporario, aunque en algunos casos se llega a establecer una relación más duradera entre el prestatario y el cliente (usuario, paciente), lo que moviliza de manera específica la subjetividad y la afectividad en la actividad de trabajo. Esta movilización subjetiva abre la vía a la expresión de configuraciones psicopatológicas particulares que corresponderían a manifestaciones de los modos de implicación afectiva en el trabajo y de sus destinos (inhibición, agresividad, seducción, erotización, odio, etc.).

Estos primeros estudios en psicopatología del trabajo han permitido hacer visibles algunas dimensiones del drama de la vivencia del trabajo. Han contribuido en particular a revelar la especificidad de las situaciones cotidianas del *trabajo de servicio* que son objeto de investigaciones importantes en la actualidad. Estos estudios tienen un valor histórico, pero también un valor clínico por su actualidad. Sin embargo, a pesar de la agudeza de las observaciones, los estudios en psicopatología del trabajo no logran establecer un vínculo causal entre una situación social y condiciones de trabajo de carácter alienante, por una parte, y un impacto psicopatológico específico por otra (en particular la existencia de "psicosis" o "neurosis" del trabajo). En efecto, para una misma situación de trabajo, las descompensaciones psiquiátricas asumen formas que difieren en función de la estructura psíquica y de la historia del sujeto.

Parece que el fracaso de esta primera psicopatología del trabajo se debe en parte a la ausencia de una consideración de la subjetividad y del aporte del psicoanálisis. J.J. Moscovitz plantea otro intento hacia fines de los años 1960, con los agentes que conducen los ferrocarriles. Estos conductores se quejan de la introducción de un nuevo sistema de control, la VACMA (vigilancia automática de control del mantenimiento de apoyo), que les impone la obligación de soltar un pedal cada 55 segundos para supervisar su vigilancia, y trae aparejado además la supresión del segundo conductor. Moscovitz comprende la angustia y la fatiga nerviosa generadas por el nuevo sistema de control al referirse al inconsciente freudiano. El trabajo se identifica como una escena de la implicación libidinal, propensa al despliegue pulsional y a la reactivación de los conflictos psíquicos. En situación de trabajo, se genera angustia por la soledad y la automatización del control. Este estudio marca un hito pero no tendrá repercusión alguna, ni en el plano práctico, ni en el plano teórico.

A partir de los años 1980, el lugar otorgado a la tradición clínica, que caracteriza un enfoque basado en trabajos de campo, se verá interpelado por los trabajos provenientes de la psicología del trabajo tradicional, las investigaciones sobre el "factor humano" sostenidas por las ciencias de la ingeniería, así como aquellas sobre los recursos humanos vehiculizadas en particular por las ciencias de la gestión. Psicología clínica y psicopatología del trabajo por un lado, ciencias de la ingeniería y ciencias de la gestión por otro, aunque se interesan por los vínculos entre el hombre y el trabajo, defienden dos tipos de orientación conceptual y práctica contradictorios. Las primeras se caracterizan por un modelo del hombre basado en el análisis del vínculo subjetivo establecido con la situación de trabajo, no reductible a comportamientos, mientras que las segundas privilegian un análisis de los comportamientos y su descomposición en unidades elementales a estudiar y sobre las cuales actuar separadamente.

2 / El trabajo, entre sufrimiento y placer

¿Estrés o sufrimiento?

Si bien es frecuente que en el vocabulario corriente se utilicen indistintamente los términos "estrés", "malestar", o "sufrimiento", para el médico clínico la elección de la terminología conceptual no puede ser anecdótica. En otros términos, a pesar de que "estrés" y "sufrimiento" sean muchas veces utilizados como sinónimos, es conveniente distinguirlos ya que ambos tienen importantes incidencias sobre la identificación del origen de los trastornos observados, pero también sobre las concepciones de la acción, de la prevención y de las elecciones en términos de políticas de salud en el trabajo. Por otra parte, ciertos análisis sociológicos ponen de manifiesto que las categorías del "estrés", o bien anteriormente de la "fatiga", remiten en parte a dimensiones socialmente construidas (M. Loriol, 2002; M. Loriol, J.M. Weller, 2005).

En el seno de los organismos internacionales como la Oficina Internacional del Trabajo (OIT) o la Organización Mundial de la Salud (OMS), la problemática de los vínculos entre salud mental y trabajo es abordada, en la mayoría de los casos, haciendo referencia al *estrés psicosocial*. El estrés es identificado como el resultado de un desequilibrio entre las capacidades de respuesta efectivas proporcionadas por un individuo frente a situaciones provinientes del entorno (afectivo y profesional). Se trata entonces principalmente para el individuo de adaptarse a las exigencias del mundo elaborando, si fuera necesario, estrategias de adaptación para "enfrentar" las situaciones problemáticas (cf. las estrategias de *coping* descritas por Cohen y Lazarus, 1979). Los modelos del estrés culminan en intervenciones focalizadas en la búsqueda de factores predictivos del estrés y de factores de protección de la salud en el trabajo, desde el punto de vista de la organización.

El cuestionario de Karasek, fruto del modelo de Karasek y Theorell (1990), es el principal instrumento de evaluación de los factores psicosociales en el trabajo

(I. Niedhammer, 2007). Este modelo insiste sobre los efectos de dos dimensiones del trabajo:

* la *autonomía* (débil o fuerte) que permite actuar sobre la decisión;
* las *exigencias* (débiles o fuertes) que corresponden a las restricciones de tiempo y a la actividad (R. Karasek, T. Therorell, 1990).

En la misma perspectiva, el *job strain* designa el desequilibrio entre la exigencia psicológica del puesto y el margen de maniobra de que dispone el individuo para hacer su trabajo, como por ejemplo en el caso de los operarios telefónicos, que deben hacer frente a un gran número de llamadas cuando en realidad sus márgenes de iniciativa son débiles (guías de respuesta extremadamente codificadas, escuchas y controles de los llamados por los supervisores). Las situaciones de trabajo se analizan en función de la manera en que el sujeto logra o no regular las tensiones generadas entre el nivel de exigencias y el grado de autonomía, lo que desemboca en una concepción focalizada sobre el comportamiento y la "gestión" individual del estrés generado por las situaciones de trabajo. La identificación de la relación de causa/efecto entre las restricciones y sus impactos sobre la salud supone tener ideas preconcebidas sobre las causas posibles del estrés (restricciones de tiempo y de cadencia, intensidad del trabajo, autonomía, duración del trabajo, entorno físico del puesto, etc.) para medir sus consecuencias sobre la salud de los trabajadores. Sin embargo, los procesos psicológicos implicados en el desencadenamiento de las manifestaciones psicopatológicas no cuentan con un análisis específico. Las discusiones están esencialmente centradas en un enfoque descriptivo de las relaciones entre los comportamientos y las perturbaciones de las regulaciones fisiológicas.

Aporte de la clínica del trabajo a la definición del sufrimiento

El retorno a los problemas planteados por la clínica del trabajo permite situar el "sufrimiento" como un *concepto crítico* pertinente, basado en referencias teóricas respaldadas en la psicopatología general, el psicoanálisis y la psicosomática. Si bien el sufrimiento psíquico –en tanto designa un padecer particular, reflejo de la vida psíquica– puede ser objeto de un consenso entre los médicos clínicos, también suscita discusiones en el campo de las ciencias humanas, en particular por el riesgo de "psicologización" de los fenómenos sociales que podría ocasionar (A. Ehrenberg, 2010; O. Douville, 2004). Si bien siempre existe la posibilidad de limitarse al tratamiento compasivo del sufrimiento, es sabido que desde el punto de vista clínico, es insuficiente. El sufrimiento, en tanto vivencia subjetiva, remite siempre a una experiencia particular vinculada con situaciones y prácticas de trabajo específicas.

En el campo de la psicopatología del trabajo, la identificación y el análisis de las manifestaciones específicas del sufrimiento vinculadas con el trabajo han evolucionado desde los estudios de los primeros psiquiatras que se han interesado por el trabajo.

La *primera etapa* consistió en identificar lo que, en las situaciones de trabajo, sería específicamente peligroso para el funcionamiento psíquico de los sujetos, llevando a distinguir en el análisis entre condiciones de trabajo y organización del trabajo.

Las condiciones de trabajo, que son clásicamente analizadas por la ergonomía, designan:

* las restricciones físicas del puesto de trabajo (ruidos, vibraciones, temperaturas, radiaciones, posturas forzadas...);
* las condiciones químicas (polvillos, vapores, humaredas...),
* las condiciones biológicas (virus, bacterias, hongos...).

Estas restricciones tienen repercusiones sobre el cuerpo y son la causa de ciertos impactos en el organismo y de daños corporales específicos, bajo la forma de patologías profesionales (intoxicaciones, cáncer ocasionado por la exposición al amianto u otros agentes tóxicos como los pesticidas por ejemplo, perturbaciones neurológicas o articulares, etc.).

La organización del trabajo se caracteriza por tres dimensiones:

* la división de las tareas y el contenido del trabajo;
* la prescripción de los gestos y de las posturas, que desemboca en el *modus operandis*;
* la división de los sujetos por la jerarquía, los modos de comunicación y los vínculos de subordinación que organizan las relaciones entre los trabajadores.

A las divisiones técnica y social del trabajo, es necesario agregar las divisiones sexual y moral del trabajo. La división sexual del trabajo introduce en el análisis de los vínculos sociales del trabajo la comparación hombres/mujeres (H. Hirata, 1995), mientras que la división moral o dignataria del trabajo resulta de la distinción entre profesiones prestigiosas y socialmente valoradas y otras profesiones mal conocidas o devaluadas. Todo discurso sobre el trabajo realizado conlleva una retórica de la valoración de sí mismo y de la distinción con las profesiones lindantes, culminando en el ocultamiento y en la delegación de tareas socialmente desvalorizadas, lo que el sociólogo E. Hughes señaló mediante la expresión "trabajo sucio" (E. C. Hughes, 1951).

Evolución de las formas de organización del trabajo

El mundo del trabajo ha sido estructurado por diferentes formas de organización del trabajo, cuyos principales modelos son los siguientes:

El trabajo taylorizado

Este método, ideado por F. W. Taylor, se basa en una organización científica del trabajo (OCT) que determina el mejor rendimiento posible y encuentra su auge en Francia en el período de entre-guerras. La racionalización metódica del trabajo se basa en una división horizontal (el proceso de producción de un bien se descompone en una serie de tareas simples efectuadas de los obreros) y una división vertical (separación entre las tareas de concepción por los ingenieros y las tareas de ejecución a cargo de los obreros). La puesta en escena de Charles Chaplin en la película *Los tiempos modernos* contribuyó a denunciar la alienación de los individuos sometidos a las restricciones de la OCT.

El postaylorismo consistió en incrementar las formas de participación de los obreros en el proceso de producción (rotación de los puestos, enriquecimiento y ampliación de las tareas, grupos semi-autónomos y círculos de calidad organizados por los mismos trabajadores), para mitigar los efectos de la desmotivación generados por el sistema taylorista.

El fordismo

Este modo de organización del trabajo, inventado por H. Ford en 1908, retoma los principios del taylorismo (división horizontal y vertical) para desarrollarlos en el contexto de la cadena de montaje, lo que desemboca en la creación del trabajo en cadena.

El sistema japonés

A principios de los años 1970, mientras los países industrializados sufrían la crisis económica, la industria automotriz japonesa liderada por Toyota desarrolló un sistema de producción de mayor rendimiento que el taylorismo y el fordismo. Los principios del sistema japonés (toyotismo) son los siguientes: "autonomación" (capacidades de las máquinas de suspender su actividad en caso de desperfecto, lo cual permite al obrero trabajar simultáneamente en varias máquinas), *just-in-time* (el flujo de la producción está determinado por la demanda y es sostenido por el método del Kan Ban, que indica delante de los puestos de trabajo de los obreros el nivel de producción alcanzado por cada uno: adelantos, retrasos, errores, retoques), la transparencia y los círculos de control de calidad.

Luego del dominio de las prolongaciones del sistema taylorista en el transcurso del siglo XX, las **nuevas formas de organización del trabajo** surgidas a partir de los años 1980, que llegaron de la mano de la transformación del modelo de *management* (L. Boltanski, E. Chiapello, 1999) se caracterizaron por el recurso a la *flexibilidad*, que viene acompañado por un aumento de la penosidad y de la intensidad del trabajo. Las "consecuencias humanas" de la flexibilidad, introducida para responder a las preocupaciones financieras y mercantiles, han sido estudiadas por R. Sennett, quien mostró que la generalización del recurso a la automatización y a la extensión de las medidas de productividad en gran escala culminaban en un "trabajo sin cualidades" (R. Sennett, 1998).

Podemos distinguir una flexibilidad del trabajo (adaptabilidad de la actividad productiva individual y colectiva con vistas a ajustar la actividad humana a las variaciones de la producción) de una flexibilidad del empleo (adaptabilidad de los contratos, de las calificaciones, de los estatus y de los derechos con el fin de flexibilizar las características de un empleo) (J. C. Barbier, H. Nadel, 2000).

La flexibilidad del trabajo implica una complejización del trabajo debido a la polivalencia, la movilización de la iniciativa de los trabajadores, la auto-organización de las tareas y muchas veces responsabilidades de gestión y de evaluación. Esta complejización está asociada a un aumento de las exigencias de resultados (contratos por objetivos y normas de calidad). El llamado a la autonomía que acompaña la introducción de la flexibilidad podría pasar por un reconocimiento de los márgenes de iniciativa personal y de implicación de la subjetividad en el trabajo libre de las restricciones tayloristas de la disciplina y del control de los gestos y movimientos. Sin embargo, estas transformaciones coinciden con el incremento importante de los trastornos psicopatológicos vinculados con el trabajo, en las que la exigencia de ser autónomos en el trabajo se transforma en auto-control y acentúa la exigencia de competencia entre los trabajadores.

Esta paradoja aparente entre autonomía y autocontrol puede saldarse con el análisis crítico de las nuevas técnicas de evaluación individualizada de los rendimientos. La autonomía abarca en efecto, la parte objetiva y material del trabajo, que depende de la movilización subjetiva (e intersubjetiva) en la actividad, mientras que la evaluación solo apunta a la parte objetiva del trabajo. La evaluación objetiva contribuye entonces a neutralizar, incluso revertir, las ventajas de la autonomía. El aumento de la autonomía coincide con la intensificación del trabajo que somete una cantidad cada vez mayor de asalariados a restricciones de ritmo de tipo industrial (cadencias de las máquinas, cumplimiento de normas) o mercantil (ajuste del trabajo a la demanda) (que involucra en Francia al 33 % de los asalariados en el año 2005) (M. Gollac, S. Volkoff, 2007). Las evoluciones de las formas de organización del trabajo en el contexto de la economía del sector de los servicios, asociadas a la generalización de la informática y del desarrollo de las nuevas tecnologías de la información y de la comunicación (NTIC) modifican profundamente el vínculo subjetivo con el trabajo. La concepción administrativa del trabajo, que apunta en particular al incremento de la productividad, domina las concepciones recientes sobre la organización del trabajo. Las evoluciones del trabajo contemporáneo se caracterizan igualmente por el involucramiento emocional (A. Hochschild, 1983), la valoración de la autonomía y de la libertad que acentúan el proceso de individualización (Z. Bauman, 2000).

Mientras que las condiciones de trabajo conllevan impactos sobre la salud del cuerpo, la organización del trabajo tiene repercusiones sobre el funcionamiento psíquico de los sujetos.

La *segunda etapa* que presidió la renovación de la psicopatología del trabajo consistió en desplazar el centro de la investigación desde las enfermedades mentales hacia el sufrimiento, concebido como un estado situado más allá de la descompensación y de la patología. La principal dificultad en la identificación de patologías mentales específicas del trabajo reside en el hecho de que las formas clínicas de los trastornos psicopatológicos dependen de la historia singular del sujeto más que de las restricciones organizacionales, mientras que las modalidades del sufrimiento serían características de las restricciones del trabajo.

La pregunta planteada al médico clínico interesado en las cuestiones de trabajo puede formularse de la siguiente manera: el trabajo ¿está en condiciones de brindar un espacio de libertad en el cual pueda ejercerse el deseo? Parece ser que la actividad del trabajo puede representar un mediador entre inconsciente y organización del trabajo cuando existe una adecuación mínima entre la composición ergonómica de la actividad y las vías de conducción de la excitación (S. Freud, 1905) en el modo sensorial, motor o cognitivo, en relación con el modelo de la economía psicosomática (P. Marty, 1991). De una concepción mecánica de los vínculos entre el sujeto y el contenido significativo de la tarea –en la que el sufrimiento sería el testigo de la imposibilidad del sujeto para adaptar la organización del trabajo a sus necesidades y volverla más o menos congruente con su deseo– va a emerger progresivamente otra concepción del vínculo subjetivo con el trabajo, gracias al descubrimiento de causas variadas e inesperadas del sufrimiento. De esta manera, el sufrimiento es concebido como una vivencia específica que resulta de la confrontación dinámica de los sujetos con la organización del trabajo (C. Dejours, 1980/2008; E. Abdoucheli, C. Dejours, 1990). En tanto este último es un estado psíquico que implica un movimiento reflexivo sobre sí mismo, se diferencia de la angustia, afecto al cual se refieren generalmente los análisis clásicos en psicología clínica y en psicoanálisis. Si bien implica un movimiento reflexivo, esto no significa que la vivencia de un sufrimiento sea accesible a la conciencia en su totalidad. El concepto de sufrimiento permite así identificar la diversidad de los procesos psíquicos movilizados en las situaciones de trabajo y focalizar el análisis en el vínculo subjetivo movilizado frente a los contenidos concretos del trabajo.

El aburrimiento y la monotonía

A pesar de que se lo nombre a menudo, el aburrimiento en el trabajo ha sido objeto de pocos estudios específicos en el campo de las ciencias sociales, que se dedicaron más bien a la satisfacción y a la motivación en el trabajo (cf. por ejemplo R. Francès, 1979). Sin embargo, las descripciones del trabajo obrero, en el contexto industrial de las cadenas de montaje, ponen en evidencia el lugar relevante ocupado por el sentimiento de desvalorización, de despersonalización incluso de "robotización" del humano frente a la máquina, en el contexto de tareas repetitivas y desconectadas de toda significación simbólica (G. Friedmann, 1970; C. Dejours, 1980; R. Linhart, 1981; S. Weil, 1951). El trabajo repetitivo y bajo cadencia representaría incluso el paradigma del trabajo "anti-sublimatorio", en la medida en que las secuencias de gestos idénticos se repiten en un ritmo sostenido y los márgenes de iniciativa individual están restringidos. Se trata entonces de apreciar cuáles son los procesos psíquicos movilizados por los trabajadores para soportar su situación en el trabajo.

El miedo

El ejercicio del trabajo mantiene un vínculo estrecho con el miedo, que puede asumir diferentes formas: miedo a un accidente, o a una herida o a la muerte entre los trabajadores del sector de la construcción, los mecánicos, los militares, los bomberos, los policías o los transportadores de caudales, por ejemplo; miedo a la enfermedad o a la contaminación en las profesiones vinculadas al cuidado de la salud y al servicio a terceros. El miedo sería el testigo de los riesgos que el ejercicio profesional puede conllevar respecto de la integridad física y de la integridad psíquica del sujeto. El miedo resulta de la confrontación de la situación de trabajo con la realidad. Está en estrecha relación con los riesgos reales del trabajo, presumidos o imaginados y resulta particularmente desestabilizante para la economía psíquica. Para poder soportarlo, el miedo exige la implementación de sistemas defensivos específicos, distintos de los mecanismos de defensa descritos por el psicoanálisis (que tienen por función luchar contra la angustia que resulta del conflicto intrapsíquico) (C. Dejours, 1980/2008).

La confrontación con la injusticia y con el sufrimiento ético

A partir de los años 1990, las investigaciones más recientes en clínica del trabajo resaltan formas inéditas de sufrimiento asociadas a la transformación de los modos de organización del trabajo (nuevas formas de *management*, complejización de los objetos técnicos, desarrollo de la economía de los servicios). En las actividades de servicio, la movilización de la subjetividad inducida por el trabajo de servicio tomaría la forma específica de un trabajo sobre las emociones (*emotional work*). La sociología de las emociones, iniciada por las investigaciones de A. R. Hochschild (A. R. Hochschild, 1983) revela que el trabajo sobre las emociones corresponde a un trabajo de "gestión" específica, que se vuelve blanco de prescripciones y de evaluación que pueden ser "moduladas" individualmente o colectivamente (A. R. Hochschild, 2003; A. Jeantet, 2002; D. Lhuilier, 2006). Este trabajo emocional podría conllevar repercusiones psicopatológicas, debido a la implicación de la afectividad que supone.

De manera más general, mientras la organización del trabajo según el modelo de Taylor se caracterizaba por la división y la parcelización de las tareas para poder mejorar la eficacia del proceso de trabajo, las formas contemporáneas de organización del trabajo están estructuradas por la flexibilidad, asociada a métodos de gestión como la calidad total y la evaluación individualizada de los rendimientos, que transforman el vínculo subjetivo con el trabajo. Es posible identificar las manifestaciones de un sufrimiento "ético" en situaciones de trabajo en las cuales los sujetos se ven llevados a efectuar *tareas inmorales* que producen sufrimiento o injusticia al usuario o al cliente. Estas tareas son efectuadas en respuesta a prescripciones explícitas casi siempre justificadas refiriéndose a la racionalidad económica, como en el caso de las ventas forzadas o compulsivas, por ejemplo. Este tipo de trabajo genera un conflicto entre las actividades que el sujeto realiza y la reprobación moral porque contradicen sus valores, lo que se traduce en vergüenza y culpabilidad. Los trabajadores de numerosos sectores de actividad están involucrados: empleados de ayuda humanitarios que trabajan en contextos de injusticia y de violencia, trabajadores de la administración pública que tienen a su cargo la recepción de los usuarios, agentes de los servicios bancarios, docentes, criadores y veterinarios, magistrados, etc. Las causas de la exigencia de trabajar mal son muchas veces difíciles de identificar por los trabajadores mismos y representan una fuente de sufrimiento mayor, cuando se ven obligados a "apurar" su trabajo, o bien mentir sobre la calidad. El temor a la incompetencia y el sentimiento de realizar un trabajo de mala calidad se ven exacerbados en un contexto de precarización, donde la amenaza de un despido o de la pérdida del empleo concierne a una cantidad cada vez más elevada de individuos. El miedo resultante contribuye a la negación del sufrimiento de los demás, al silencio sobre el propio sufrimiento, siendo el individualismo una de sus formas más corrientes de expresión.

El trabajo real y lo real del trabajo

Las investigaciones en ergonomía de lengua francesa permitieron descubrir la brecha irreductible entre el trabajo prescripto por la organización y la actividad real. Así, distinguimos la *tarea* (que corresponde a los objetivos a alcanzar) y la *actividad* (que corresponde a lo que realiza en concreto el trabajador para lograrlo) (F. Daniellou, A. Laville, C. Teiger, 1983). Este desfasaje abarca todas las situaciones de trabajo sin excepción y resulta por una parte de la variabilidad de las situaciones, pero también es fruto de las insuficiencias y contradicciones provenientes de la organización del trabajo. La actividad de trabajo, debido a los gestos que implica, a los materiales y herramientas que involucra, al estatus social que confiere, etc., comporta una dimensión simbólica y narcisista individual que puede oponerse a las prescripciones de las que es portadora la organización del trabajo. Por otra parte, cualquiera sea la precisión de las consignas, surgen inevitablemente disfuncionalidades, averías, imprevistos, de manera tal que el respeto escrupuloso de las prescripciones no permitiría alcanzar los objetivos si el trabajador no practicara desvíos o transgresiones. Por el contrario, si las prescripciones se respetan al pie de la letra, tal como sucede cuando se "trabaja a reglamento", el proceso de trabajo se paraliza rápidamente. El trabajo, desde el punto de vista clínico, se caracteriza entonces esencialmente por su parte "subjetiva" y "viva", es decir las iniciativas, el ingenio, la capacidad de invención movilizados por aquellos que trabajan, y se puede designar como el *trabajo real*. Esta definición de trabajo insiste sobre los procesos psíquicos movilizados en la actividad de producción de bienes o servicios, y abarca también la referencia al "*trabajar*". Es ante todo la vertiente subjetiva del trabajo lo que se trata de analizar y se caracteriza, como toda producción subjetiva –la autorepresión, las fantasías o los sueños–, por su invisibilidad y su carácter permanente y dinámico. En efecto, el lugar del trabajo en el funcionamiento psíquico no puede reducirse a los horarios y espacios asignados al ejercicio productivo (tiempo y lugares de trabajo contractuales), sino que se despliega incluso hasta en los sueños. Este punto es de suma importancia para el médico clínico: respecto de la vida psíquica, la separación entre trabajo y no-trabajo resulta no pertinente.

La experiencia del trabajo representa entonces una prueba psíquica mayor en la medida en que la misma permite la confrontación con lo que se designa como lo "*real del trabajo*". La brecha entre lo prescripto y lo efectivo se manifiesta en primer lugar como una falencia de los conocimientos, de los "saber hacer". El mundo real resiste, en efecto, el manejo, y la toma de conciencia de lo real se realiza de manera pática, por intermedio de la sensación de impotencia, la indecisión, la duda y el fracaso que se le imponen al sujeto. La resistencia de lo real desempeña un papel mayor en el mantenimiento del vínculo con la realidad. El sufrimiento originado por la confrontación con la pasividad, lejos de representar la culminación del proceso, se transforma en exigencia de trabajo psíquica con el fin de aliviarse. Trabajar consiste entonces en soportar la confrontación con el fracaso, para encontrar una solución al problema inédito e imprevisto. El sufrimiento implica una transformación de sí mismo y se moviliza al servicio de la búsqueda de una solución frente al fracaso, bajo la forma del celo, que designa la implicación psíquica que preside la movilización de una forma específica de inteligencia desplegada para enfrentar la situación de trabajo. Según esta concepción, el trabajo implica siempre una actividad de concepción y no puede ser reducido a un trabajo de ejecución.

El dúo dinámico sufrimiento/placer

La medicina clínica del trabajo permite defender una concepción dinámica del sufrimiento, en la medida en que este se ubica en primer lugar en la experiencia de trabajo, pero ocurre que puede alcanzar destinos diferenciados en la medida en que orienta la búsqueda de solución frente a la resistencia de lo real.

La definición de placer en el trabajo tiene su origen en la concepción psicoanalítica de S. Freud sobre la *elaboración psíquica*, presentada como el resultado de un trabajo efectuado por el Yo sobre las excitaciones pulsionales. En otros términos, a partir del trabajo de elaboración efectuado para diferir tanto el "principio de placer" como la búsqueda de las excitaciones que caracterizan lo sexual, puede revelarse otra forma de placer que remite al placer del ejercicio del pensamiento subjetivo, declinado en particular bajo la forma de la sublimación. El poder transgresor del placer sexual puede así conocer destinos diferenciados, siendo el placer del pensamiento una de sus formas más representativas. En la experiencia del trabajo, el vínculo individual con la tarea puede ser fuente de gratificaciones narcisistas. Sin embargo, el acceso al placer no se reduce a su dimensión solipsista, sino que depende igualmente de los vínculos de trabajo establecidos con los demás. La experiencia del sufrimiento no representa entonces la culminación de un proceso y no es patógena en sí misma, pero puede ser subvertida en placer cuando algunos obstáculos han sido sobrepasados y la contribución individual a la solución puede encontrar una forma de reconocimiento de los demás.

El placer puede manifestarse en el trabajo cuando el sufrimiento puede transformarse en exigencia de trabajo para el Yo y pasar a ser una experiencia fundante de la identidad. Para que esta dinámica pueda desplegarse, se requieren ciertas condiciones:

- que el sujeto esté capacitado para soportar el fracaso resultante de la confrontación con los límites de su habilidad técnica, en el encuentro con lo real que resiste al dominio;
- que el descubrimiento, la solución o el éxito estén presentes, al menos en parte, en el involucramiento psíquico mayor en el trabajo;
- finalmente, que estos esfuerzos e involucramientos sean reconocidos por los demás.

El trabajo no es entonces neutral en la dialéctica sufrimiento/placer, ya que puede jugar el rol de mediador en la realización de sí mismo, contribuyendo a revelar ciertas formas de sensibilidad resultantes de la implicación subjetiva en la tarea, que presiden el desarrollo de las habilidades en el trabajo (cf. infra).

El concepto de "placer" se distingue, desde el punto de vista clínico, de la erotización del sufrimiento que caracteriza clásicamente al masoquismo y a las conductas que remiten a un funcionamiento de tipo perverso. Algunas descripciones derivadas de la psicosociología analizan de manera específica el rol de la perversión en las organizaciones, a partir de descripciones de los procesos que están en juego en estas organizaciones (E. Enriquez, 1992; G. Amado, 2003). Las modalidades de funcionamiento de los sistemas institucionales, en particular los dispositivos de comunicación, o las bases ideológicas de las prácticas de *management* modernas y sus efectos sobre la subjetividad, son interpretadas aquí con la ayuda de herramientas teóricas de la metapsicología psicoanalítica (inconsciente, identificación, proyección, realidad psíquica…) pero el lugar acordado al análisis del trabajo no aparece como central. A partir de las proposiciones freudianas presentadas en su texto de 1921 (S. Freud, *Psicología de las masas y análisis del Yo*), se trata de identificar argumentos en favor de la construcción de los vínculos sociales y de sus avatáres, vínculos que rigen la vida y el funcionamiento de las organizaciones. La investigación realizada a partir de la psicopatología y de la psicodinámica del trabajo sugiere, en cambio, que las conductas de erotización del sufrimiento existen, pero derivan de estrategias defensivas elaboradas para resistir en la situación de trabajo, y serían entonces *secundarias* a la experiencia del trabajo (cf. parte II).

La apreciación del vínculo subjetivo con el trabajo se considera desde entonces como un *continuum entre sufrimiento y placer*: ¿en qué medida la situación de trabajo puede ofrecer al sujeto un escenario pertinente para que pueda realizar su identidad? ¿Y en qué medida la situación de trabajo puede llevar a fragilizar la identidad? El desafío teórico y la práctica clínica apuntan a la comprensión de las condiciones en las cuales el trabajo es patógeno o bien fundante para la salud mental. El hecho de tomar en cuenta únicamente las restricciones de la organización por medio de la identificación de los "factores de riesgo" se manifiesta insuficiente, desde la perspectiva de las modalidades particulares y diferenciadas del compromiso subjetivo en el vínculo con el trabajo. Es a partir de un diálogo entre psicoanálisis y ergonomía, así como de la confrontación con los trabajos derivados de la sociología, de la lingüística, de la antropología, de la historia social o incluso de la economía, que las evoluciones teóricas en psicopatología del trabajo se van a concentrar sobre el enigma de la normalidad.

3 / Normalidad, sufrimiento y defensas

La normalidad: un intento de definición

Para la psicopatología, que apunta al estudio de las funciones psíquicas y los mecanismos que las rigen, los procesos normales y patológicos son de naturaleza idéntica pero se distinguen por su intensidad. Se pueden invocar criterios estadísticos, sociales y morales, o incluso biológicos, para definir la normalidad (B. Verdon, C. Chabert, 2008). La tesis de G. Canguilhem (G. Canguilhem, 1943) a menudo citada como referencia, defiende una definición crítica de la normalidad interpretada como ausencia de enfermedad, insistiendo en la posibilidad que tiene el individuo de crear nuevas normas como variaciones cualitativas de la adaptación y opuestas a una sumisión pasiva a los efectos del entorno. Desde el punto de vista psicopatológico, la salud no existe pero constituye una referencia a partir de la cual se vuelve posible pensar y orientar la perspectiva clínica y la acción terapéutica. Resulta en efecto difícil reducir la salud a un "estado", tal como lo propone la definición de la OMS ("estado de completo bienestar físico, mental y social) y la normalidad a una capacidad de adaptación a las restricciones de la organización del trabajo. La normalidad representa, por el contrario, un equilibrio inestable que el sujeto busca mantener a pesar de la confrontación con las restricciones que pesan sobre él, así como los riesgos de enfermedades. En este sentido, la normalidad es comprendida como el resultado de una lucha incesante que renueva y reconstruye en contra del riesgo de enfermedad y de descompensación. Es entonces la normalidad la que adquiere el estatus de enigma y ya no la patología. La clínica del trabajo revela que para seguir siendo "normales", los sujetos conciben estrategias para defenderse del sufrimiento experimentado por la confrontación con las condiciones y los modos de organización del trabajo. La normalidad resulta del compromiso entre el sufrimiento y las defensas elaboradas para soportar ese sufrimiento, compromiso que siempre puede ser desestabilizado, lo que justifica su designación como una *normalidad que sufre* (C. Dejours, P. Molinier, 1994).

Sufrimiento y defensas

Debido a los riesgos corridos en el ejercicio del trabajo, lo natural sería suponer que el sufrimiento en el trabajo es la causa de numerosas manifestaciones psicopatológicas. Sin embargo, la clínica del trabajo habitual pone de manifiesto que la mayoría de los sujetos logran conjurar el riesgo de descompensación, a veces incluso a lo largo de toda su vida profesional. En efecto, entre la restricción del trabajo y el desencadenamiento de una descompensación se interponen toda una serie de procesos psíquicos que contribuyen a luchar contra las amenazas de descompensación: estos procesos intermediarios son *las estrategias de defensa*. El surgimiento de perturbaciones psicopatológicas y de daños para la salud en una situación de trabajo no resulta entonces únicamente de las restricciones objetivas sino también –y sobre todo– del desbordamiento y posterior fracaso de los recursos defensivos movilizados por los sujetos para resistir en su propia situación de trabajo. El sufrimiento puede así volverse patógeno e impulsar al sujeto hacia la enfermedad, al no estar encauzado por las defensas, las cuales a su vez ya no cumplen con su rol de protección.

Las investigaciones en psicopatología y psicodinámica del trabajo han contribuido a revelar que, conjuntamente con los mecanismos de defensa clásicamente descritos por el psicoanálisis, existen construcciones defensivas, elaboradas y mantenidas colectivamente por los trabajadores cuyo principal objetivo es luchar eficazmente contra el sufrimiento generado por las restricciones reales del trabajo. La función principal de las defensas, ya sean individuales o colectivas (lo cual es más original desde el punto de vista de la perspectiva clínica clásica) es transformar el vínculo con la realidad al incidir sobre el pensamiento del sujeto. Las estrategias defensivas, como todo proceso psíquico que apunta a proteger el Yo de la angustia, extraen su eficacia de su dimensión simbólica que apunta a ocultar o inmovilizar la percepción de lo cuestionado en la realidad del trabajo por el incremento de la vulnerabilidad y el sufrimiento. Respecto de la perspectiva comprensiva que orienta el enfoque clínico, toda conducta, incluso si parece aberrante o incomprensible, tiene un sentido desde el punto de vista de la racionalidad subjetiva y de la preservación de sí mismo. Ciertas conductas irracionales revisten así una lógica en relación con la lucha contra el sufrimiento en el trabajo, aunque puedan parecer incomprensibles desde el punto de vista de la eficacia instrumental y/o estratégica.

Sucede, sin embargo, que las estrategias defensivas se desvíen de su finalidad principal que es la protección del vínculo subjetivo en el trabajo al luchar contra el sufrimiento. El médico clínico se encuentra aquí confrontado al problema planteado por el estatus ambiguo de las defensas: cuando la defensa se vuelve más rígida y constituye un objetivo en sí, la anestesia del pensamiento resultante destruye toda consideración y posibilidad de discutir sobre lo real del trabajo. El proceso de radicalización de las defensas aparece como consecuencia de la imposibilidad de los trabajadores de constituir una inteligibilidad común de la situación. En este caso, la emergencia de la *violencia* es el signo clínico más evidente que anuncia la negación del sufrimiento, a través de la banalización de comportamientos socialmente aberrantes (mentiras colectivas, sabotajes de las instalaciones y las herramientas de trabajo, violencia hacia los pacientes, etc.).

Estrategias individuales de defensa

Las defensas inicialmente identificadas en el marco del enfoque de la clínica del trabajo son defensas individuales. Las encuestas sobre el trabajo en líneas de montaje de la industria automotriz, por ejemplo, plantean el problema de la monotonía y de la repetición del ritmo de trabajo, que contribuyen a la pérdida de sentido de la actividad, lo que cada operador asume de manera solitaria. Las observaciones clínicas pusieron en evidencia la contradicción entre el funcionamiento psíquico normal, caracterizado por el conflicto psíquico por un lado y el ritmo productivista por el otro. La actividad psíquica que se despliega entre ensueño y pensamiento estructurado permite al sujeto "metabolizar" su sufrimiento, pero el trabajo repetitivo bajo restricciones de tiempo es perturbado por una actividad psíquica espontánea. Cada vez que el sujeto se pone a soñar, a pensar, desacelera el ritmo de trabajo. Uno de los métodos para mantener los ritmos es entonces el de luchar contra las emergencias fantasmáticas e impedir el pensamiento, y esto únicamente es posible mediante el recurso a la *autoaceleración*. Por este medio, los sujetos paralizan su funcionamiento psíquico gracias al desarrollo de una velocidad tal que la repetición de esos gestos aletarga el pensamiento. Desde el punto de vista metapsicológico, la autoaceleración compromete esencialmente al sistema sensorial-motor y lleva a la saturación del sistema percepción-conciencia. Para poder sostener los ritmos impuestos, se ha vuelto necesario para los sujetos acelerarlos aún más, pero al precio de un empobrecimiento de su actividad psíquica. Se encuentran entonces en una situación paradójica, en la medida en que lo que organiza y da cuenta de la vitalidad de su funcionamiento psíquico, a saber la actividad fantasmática, se vuelve peligroso porque al mismo tiempo deben seguir trabajando. La parálisis del funcionamiento psíquico deviene extremadamente costosa en el plano psíquico y debe ser estabilizada para que pueda perdurar, bajo el riesgo de incidir en las interacciones con los hijos y la familia.

Esta estrategia defensiva se conoce en psicoanálisis y en psicosomática como *"represión pulsional"* ya identificada por S. Freud. Este término designa una operación psíquica, distinta de la represión primordial, que apunta a la exclusión del campo de la conciencia de los afectos cuyo contenido es suprimido. Su rol es bien conocido en el campo de la *clínica psicosomática*. Los perjuicios específicos del funcionamiento psíquico que se han relevado en los enfermos somáticos consisten en efecto en una dificultad, incluso una imposibilidad, de poder procesar psíquicamente las excitaciones del cuerpo, de "mentalizarlas" como se dice también. El proceso de represión pulsional sería en primer lugar el reflejo del debilitamiento del aparato psíquico y del empobrecimiento subjetivo que se puede traducir por una "vida operatoria" (P. Marty, M. Fain, 1963, C. Smadja, 2001; J. Press, 1995). Esta última estaría caracterizada por una pobreza fantasmática (pocos sueños, pocas fantasías, poca angustia, pocas asociaciones) y una adaptación social satisfactoria.

Sin embargo, en el caso de los obreros especializados, la abrasión psíquica observada es secundaria y resulta de ciertas estrategias puestas en funcionamiento por los mismos obreros para continuar realizando su trabajo. Por otra parte, algunas observaciones han permitido distinguir dos modelos distintos de funcionamiento psíquico en los obreros:

- la "robotización", que constituye un sufrimiento y una amenaza para la integridad psíquica;
- la "maquinalización", que se sitúa en el registro de la defensa, representando una forma económica de funcionamiento que permite al operador pensar astucias para mejorar el trabajo en la cadena de montaje (M. Llory, A. Llory, 1996).

Sin embargo, el "bloqueo fantasmático a largo plazo" (C. Dejours, 1980) que se prolonga por fuera del trabajo, puede terminar por tener efectos fundamentales sobre el funcionamiento psíquico de los trabajadores. Podemos analizar de esta manera algunas descompensaciones psicopatológicas como depresiones, o la aparición de enfermedades somáticas, por ejemplo cuando llega el momento de la jubilación, como consecuencias de la desestabilización de la economía psíquica defensiva impuesta por el vínculo con el trabajo. Lejos de sentirse aliviados o liberados de un trabajo destructivo, el acceso a la libertad sería vivido por algunos sujetos como una experiencia extremadamente desestabilizante para su identidad, debido al vacío experimentado (vacío psíquico que sin embargo era necesario para permitirles trabajar).

Desde las primeras observaciones de Bégoin y Le Guillant vinculadas con el trabajo de los telefonistas, así como ciertas descripciones sobre el trabajo repetitivo bajo restricciones de tiempo, otras observaciones se han realizado en diferentes sectores de la industria y de los servicios que muestran cómo el recurso a la autoaceleración concierne a todas las categorías socioprofesionales. El activismo (en los ejecutivos, en el personal de cuidados o bien en los trabajadores sociales, por ejemplo), que consiste en contribuir al mantenimiento de la sobrecarga de trabajo, lleva en particular a una suspensión de la actividad del pensamiento y del juicio moral. Este tipo de defensa individual se revela particularmente eficaz para conservar una actitud profesional en situaciones de trabajo que se vuelven costosas en el plano psíquico, en particular cuando generan *conflictos éticos* (acelerar el tratamiento de los casos contribuye a "cosificar" y "olvidar" a las personas que deberían ser recibidas, acompañadas o cuidadas, por ejemplo).

Otras formas de defensa individuales son implementadas por los trabajadores, según modalidades muy diversas en función de las situaciones de trabajo, en particular en las situaciones contemporáneas caracterizadas por el aislamiento y la individualización siempre crecientes del trabajo.

Estas estrategias generalmente están adosadas a mecanismos de defensa como la *racionalización* (justificar las "reducciones" necesarias para la salud de la empresa, por ejemplo), o bien la *división* (*clivage*), que contribuyen a evitar la angustia manteniendo simultáneamente actitudes contradictorias. Estos mecanismos psíquicos frecuentes se benefician con el recurso al imaginario social, debido a la solicitación del sistema consciente que suponen. El imaginario social se opone a la imaginación, cuya forma cardinal es la fantasía. Está compuesto por imágenes y representaciones dadas del exterior, sostenidas por la ideología de la *virilidad social*. La virilidad social designa al conjunto de atributos sociales asociados a los hombres y a lo masculino como el rendimiento, la hazaña, la fuerza, el poder, el dominio, etc. Estos atributos brindan privilegios asociados a la dominación de aquellos que no pueden ser viriles como las mujeres y los niños (P. Molinier, D. Welzer-Lang, 2000). Los contenidos del imaginario social revisten un poder de fascinación y de azoramiento del pensamiento y permiten ahorrarse el trabajo psíquico de vinculación de las excitaciones que habitualmente organiza la circulación entre los sistemas de la tópica psíquica. La sobreinversión del sistema consciente, organizado desde el exterior, contribuye así a encauzar las emergencias del inconsciente sexual y el funcionamiento psíquico del sujeto adquiere aires de funcionamiento "operatorio" (P. Marty, 1991). La ilustración clínica más característica de la función cumplida por el recurso al imaginario social está representada por la "normopatía". Para J. Mac Dougall (1982), los "normópatas" presentan una hiperadaptación a la realidad, un conformismo extremo con las normas de comportamientos sociales y profesionales y se manifiestan poco propensos a los movimientos conflictivos en particular de culpabilidad. Para los médicos clínicos, la normopatía representaría una solución específica para luchar contra el trabajo de elaboración desencadenado por la experiencia del sufrimiento.

Las estrategias individuales de defensa desplegadas en el ejercicio del trabajo, y retomadas por los mecanismos de defensa, resultan un poderoso medio para trabar los procesos de pensamiento y el trabajo del preconsciente. De esta manera, se propone un análisis específico de los trastornos cognitivos que afectan de manera más o menos severa las capacidades de elaboración de los sujetos en las formas contemporáneas de organización del trabajo, a la luz de los procesos psíquicos movilizados en situación de trabajo. (cf. Parte II).

Estrategias colectivas de defensa

Las primeras estrategias colectivas de defensa fueron identificadas en los oficios de la construcción, profesiones peligrosas en las cuales el riesgo es objetivo y conocido por todos aquellos que trabajan (C. Dejours, 1980/2008). Luego se las encontró en otros sectores profesionales (nuclear, industria química, ejército, policía, hospitales…) lo que permitió darle a esta noción un alcance más general. En una obra en construcción, el miedo es incompatible con la continuación del trabajo, ya que representa un riesgo suplementario de accidentes. Cuando el miedo se vuelve demasiado importante, se hace necesario defenderse, ya sea eliminando el peligro, o bien adoptando una conducta de prudencia para tratar de disminuir el miedo. Pero esto no siempre es posible, y es por ello que ciertas conductas de conjuro del miedo, que valorizan la fuerza y el coraje viril, pueden ser implementadas por el colectivo de trabajo (conductas ordálicas, rituales de iniciación, ideologías heroicas, etc.). Estas conductas consisten en actuar sobre la percepción del riesgo, tratando de dominarlo en el plano simbólico para poder correrlo del campo de la conciencia. La ausencia de referencia espontánea al miedo en el discurso, a pesar de que los riesgos sean conocidos, da cuenta del proceso de control simbólico del riesgo. Es así como, al precio de una negación más o menos importante de la realidad del peligro, *negación que necesita ser construida y mantenida colectivamente*, los sujetos logran trabajar. Cada uno adapta su conducta y su manera de pensar el trabajo a este estilo impuesto. Y el colectivo aislará rápidamente a aquel individuo que demuestre su miedo y que, por su conducta, cuestione la estrategia de ocultamiento del peligro. En efecto, es difícil confiar en alguien que manifiesta objetivamente su miedo: no es una persona confiable para sí mismo ni para los demás. Las estrategias colectivas de defensa son entonces construcciones frágiles que suponen luchar activamente contra el miedo antes de que se manifieste. Pero basta con que un solo miembro del colectivo exprese abiertamente su miedo para que éste adquiera nuevamente presencia y sea percibido por el conjunto de los trabajadores.

Estas estrategias defensivas se caracterizan por un conjunto estructurado de conductas que asocian simultáneamente:

- conductas ostentatorias (toma de riesgos, conductas peligrosas, proezas físicas, puestas en escena, juegos y expresiones verbales específicas de las situaciones de trabajo);
- disimulación y ocultamiento de contenidos relativos al trabajo (peligro físico, enfermedad, injusticia, etc.).

Cuando estas conductas son analizadas sin referencia a los contenidos del trabajo, es decir tomadas por separado, no parecen vincularse siempre unas con otras.

Estas estrategias son visibles en todas las situaciones de trabajo de riesgo: industria nuclear, industria química, navegación de pesca, ejército, etc. y abarcan colectivos compuestos mayoritariamente por hombres. Su análisis permite reconsiderar el enfoque teórico del riesgo en el ejercicio del trabajo que se refiere generalmente a las posiciones psicológicas (inmadurez, búsqueda de límites, incluso psicopatía) de los individuos y no a la naturaleza del trabajo.

En el caso de los ejecutivos, se pudo identificar la estrategia colectiva del "cinismo viril" cuya función es la de afrontar el riesgo psíquico de perder su identidad "ética", oponiendo al sufrimiento de contribuir a la realización de "tareas sucias" una negación colectiva (C. Dejours, 1998). La vergüenza es entonces convertida en burla, incluso en provocación, justificando que la organización de los planes de despido, por ejemplo, es "un trabajo como cualquier otro". Las conductas que subyacen a la negación de la percepción van incluso a veces hasta la exageración, mediante concursos en los que las cifras provistas por unos y otros sobrepasan los objetivos fijados.

Otras formas de estrategias colectivas han sido puestas en evidencia en el seno de colectivos femeninos. Ciertas investigaciones de campo (enfermeras, asistentes sociales, auxiliares de puericultura…) han contribuido así a revelar estrategias defensivas específicas que consisten no en oponer una negación de percepción a la realidad que hace sufrir (suscitada por el miedo del riesgo) sino más bien a *"circunscribir" lo real* de la vulnerabilidad de los cuerpos. Las técnicas implementadas en las profesiones construidas por mujeres, como las enfermeras por ejemplo, apuntan a la domesticación, la "circunscripción" del sufrimiento y no a su evacuación en las representaciones movilizables (P. Molinier, 1995). Las estrategias colectivas de defensa de las enfermeras se constituyen como reacción frente a la angustia y a la repulsión intrínsecas a la confrontación con la enfermedad, con los sufrimientos del cuerpo y con la muerte. El trabajo de enfermería tiene como particularidad el hecho de solicitar fuertemente el acercamiento corporal, la manipulación del cuerpo del otro y el involucramiento del propio cuerpo en los cuidados del paciente. El trabajo de enfermería supone un disciplinamiento de los cuerpos tendiente a borrar las marcas de fatiga, de tensiones, de sufrimiento. La dramaturgia y la auto-burla, practicada en los momentos de pausa en particular, representan una manera de luchar contra el sufrimiento generado por la actividad del trabajo, tratando de domesticarlo. Los ataques de risa en los momentos difíciles, la manipulación sutil de la ironía o incluso el "embellecimiento de la realidad" permiten mantener a distancia la confrontación con la vulnerabilidad (V. Sadock, 2003). En el caso de las asistentes sociales, la estrategia de la "tontería", que consiste en mostrar una falta de conocimiento y de comprensión de las situaciones a las cuales se ven confrontadas, contribuye a revertir sobre sí mismas los fracasos de ciertas tomas de responsabilidad así como los obstáculos encontrados en el trabajo, y de evitar responder a solicitudes imposibles de tratar (por ejemplo, la exclusión de ciertos usuarios). La astucia de la "tontería" simulada, construida y mantenida colectivamente representa un recurso en las situaciones difíciles para poder hacer frente a prescripciones paradójicas (M.P. Guiho-Bailly, D. Dessors, 1997). La incomprensión exhibida contribuye así a protegerse del sufrimiento generado por las situaciones de trabajo, conservando al mismo tiempo el involucramiento para ocuparse de los beneficiarios de los servicios sociales.

El análisis del vínculo subjetivo con el trabajo muestra que el sufrimiento es siempre individual, pero que los trabajadores pueden cooperar y que ciertas formas de defensa pueden elaborarse colectivamente. Las estrategias de defensa tienen un impacto sobre el funcionamiento psíquico individual, por la restricción que representan, pero permiten al mismo tiempo economizar psíquicamente la confrontación individual con el sufrimiento. En el ejercicio cotidiano del trabajo, defensas individuales y defensas colectivas están generalmente asociadas. Es por ello que la investigación de los procesos en juego en las descompensaciones psicopatológicas en el trabajo debe basarse conjuntamente en el análisis de las restricciones y de la materialidad del trabajo, pero igualmente en la detección de las modalidades del funcionamiento psíquico movilizadas en situaciones de trabajo. Desde el punto de vista teórico, esto supone poder referirse a:

- una *teoría del sujeto* que de cuenta de los procesos psíquicos en juego en el mantenimiento de la normalidad, así como en el desencadenamiento de los trastornos psicopatológicos;
- una *teoría del trabajo* que tome en cuenta sus diferentes dimensiones económicas (valor social/producción de valor), sociológicas (trabajo como valor en disputa en los vínculos sociales) y psíquicas (compromiso de la personalidad y trabajo psíquico).

4 / La paradoja de la doble centralidad: centralidad de la sexualidad y centralidad del trabajo respecto de la salud mental

Centralidad de la sexualidad

La metapsicología psicoanalítica representa el modelo más pertinente para apreciar los procesos subjetivos que se movilizan en el encuentro con el trabajo. En Francia, el modelo estructural (J. Bergeret, 1972; 1985) es el más frecuentemente utilizado en el campo de la psicopatología clínica para distinguir los diferentes modos de organización del funcionamiento psíquico a partir de factores esenciales como las defensas, el tipo de angustia y las modalidades de la relación de objeto. Lo interesante del modelo estructural es que permite distinguir ciertos modos de organización del funcionamiento psíquico (modo neurótico, psicótico o límite) de las formas de descompensaciones (patologías neuróticas o psicóticas). Pero este modelo también presenta límites, en particular la supuesta rigidez de los modos de estructuración de la personalidad (línea neurótica, psicótica o a-estructuración) que resisten difícilmente los datos provenientes de la clínica médica sobre la presencia de tipos de funcionamiento heterogéneos en un mismo sujeto.

El desarrollo del funcionamiento psíquico en el psicoanálisis está estrechamente articulado con la referencia a la *centralidad de lo sexual* que organiza el trabajo impuesto al aparato psíquico por las pulsiones y sus destinos (S. Freud, 1915). El modelo del trabajo psíquico, en S. Freud, es el de la elaboración psíquica (o perlaboración) del que el trabajo de duelo, el trabajo de sueño, el trabajo de análisis, el trabajo de rememoración, el trabajo de melancolía o incluso el trabajo del pensamiento, son modalidades específicas. El propósito común a todos ellos es suscitar transformaciones cuantitativas y cualitativas, que organicen la dinámica psíquica, tratando las excitaciones pulsionales y la angustia que resulta del conflicto intrapsíquico entre los sistemas (primera tópica) o instancias (segunda tópica). Freud insiste a lo largo de sus escritos metapsicológicos sobre el poder transformador del trabajo psíquico, visible en la noción de *Arbeit* (*Traumarbeit, Trauerarbeit, Durcharbeiten, Kulturarbeit...*). El análisis teórico del estatus de esta noción de *Arbeit* en la teorización psicoanalítica lleva a reexaminar los vínculos mantenidos entre trabajo y sexualidad (C. Dejours, 2009).

Sin embargo, en psicopatología y en psicoanálisis, el trabajo común es generalmente considerado un simple marco decorativo, o un elemento de la realidad externa sobre el cual pueden desplazarse ciertos conflictos o que puede incluso, en determinadas condiciones, acelerar la actualización de conflictos intrapsíquicos vinculados con la sexualidad infantil.

El rol del trabajo es evocado brevemente por S. Freud en sus proposiciones teóricas sobre la *sublimación*, la cual supone, en tanto destino pulsional, una modificación del objetivo de la pulsión, apuntando a objetos socialmente valorizados. La sublimación consiste en desviar la pulsión sexual de su objetivo principal –la satisfacción– y supone un destino no sexual de la pulsión, considerado por Freud a través de la sumisión a las exigencias de la civilización para el involucramiento en la construcción de la cultura. Pero Freud no propone una teoría de la sublimación basada en la actividad cotidiana del trabajo. Los hombres presentarían inclusive una aversión natural hacia el trabajo, en la medida en que les resultan penosos los esfuerzos exigidos por la cultura para permitir la vida en común.

> "No es posible apreciar de manera suficiente, en el marco de una visión de conjunto resumida, la significatividad del trabajo para la economía de la libido. Ninguna otra técnica para controlar la vida vincula tan fuertemente al individuo con la realidad como el acento puesto sobre el trabajo, que lo inserta de manera segura, al menos en una porción de la realidad, dentro de la comunidad humana. La posibilidad de desplazar una fuerte proporción de componentes libidinales, componentes narcisistas, agresivos e inclusive eróticos, sobre el trabajo profesional y las relaciones humanas vinculadas a él, le confieren un valor además del de su indispensabilidad para afirmar y justificar su existencia en la sociedad. La actividad profesional procura una satisfacción particular cuando es elegida libremente, en tanto permite volver utilizable por sublimación ciertas tendencias existentes, ciertas mociones pulsionales buscadas o constitucionalmente reforzadas. Y sin embargo, en tanto vía para alcanzar la felicidad, es poco apreciada por los hombres. Nadie corre hacia él, como sí ocurre con otras posibilidades de satisfacción. La gran mayoría de los hombres solo trabajan empujados por la necesidad, y de esta natural aversión que sienten los hombres hacia el trabajo derivan los problemas sociales más arduos" (S. Freud, 1929).

En *El porvenir de una ilusión*, Freud propone definir la cultura como "todo aquello que en la vida humana se ha elevado por encima de sus condiciones animales, y aquello en lo que se diferencia de la vida de los animales" (S. Freud, 1927). La cultura sería entonces por esencia específicamente humana y se definiría mediante dos características:

- por los saberes y capacidades adquiridos por los hombres para dominar las fuerzas de la naturaleza y conquistar bienes para satisfacer sus necesidades;
- por la implementación de dispositivos necesarios para regular las relaciones de los hombres entre sí (distribución de los bienes).

La cultura produce dispositivos e instrumentos que son útiles al hombre. Pero también impone límites a la satisfacción individual. Uno de los medios para impedir la hostilidad hacia la cultura sería la devolución de las pulsiones hostiles al Yo propio, mediante el refuerzo del super Yo y de la conciencia moral (S. Freud, 1929).

Para Freud y la mayoría de los autores posteriores a él, es esencialmente a partir de la actividad de creación del artista, o del pensador, que la teoría psicoanalítica considera la dinámica de la sublimación, la cual organiza los vínculos entre sujeto y colectivo (F. Séchaud, 2005), y abandona finalmente el rol desempeñado por el trabajo común.

También en la corriente psicosomática el trabajo se encuentra casi siempre relegado al plano de un elemento fáctico. Los sueños de trabajo, frecuentes en los enfermos somáticos, se analizan como testimonios de las modificaciones de la función onírica. Los sueños de trabajo no serían la expresión de la implicación de la subjetividad en el trabajo, sino más bien sueños de realidad, equivalentes al insomnio, marcados por una carencia de elaboración y responderían al impedimento de soñar mientras se continúa trabajando (M. Sami-Ali, 1980).

A partir de la referencia al psicoanálisis se pueden identificar diferentes corrientes teóricas que se apoyan en investigaciones e intervenciones realizadas en el mundo del trabajo y de la empresa, orientadas a apreciar los vínculos entre lo individual y lo colectivo.

Perspectiva socioanalítica

La perspectiva socioanalítica está representada por E. Jacques (1955) e I. Menzies (1960). Siguiendo la visión de la escuela inglesa referida a las propuestas de M. Klein y W.R. Bion sobre el trabajo psíquico y la actividad de simbolización, estos autores proponen que los procesos sociales contribuyen a sostener los procesos defensivos individuales elaborados por los sujetos para luchar contra la angustia y la depresión. Por intermedio de los mecanismos de introyección y de proyección, los objetos internos estarían depositados en las instituciones sociales. La implicancia de los sujetos en estas instituciones y en particular la búsqueda de cohesión entre los individuos en la construcción de las estructuras sociales (como los sistemas de roles o de posiciones) y los mecanismos culturales (convenciones, costumbres, reglas, tabúes…) serían el indicador de una defensa contra la ansiedad "psicótica" que resulta de elementos psíquicos no simbolizados.

Psicosociología

Los trabajos desarrollados en el campo de la psicosociología apuntan a estudiar los vínculos entre los hechos psíquicos y los hechos sociales, con vistas a despejar las especificidades de los procesos relacionales implicados en la articulación entre lo individual y lo colectivo. A partir de la puesta en perspectiva de los trabajos provenientes de la sociología clásica (E. Durkheim, M. Weber, G. Simmel, N. Elias), ciertos modelos teóricos provenientes de la psicología (psicología social, etnopsiquiatría y psicoanálisis) y de la corriente sociotécnica (E. Trist, H. Murray, 1993), se puede ver cómo se organizan en general las proposiciones teóricas alrededor de la tesis de la "resonancia" intrapsíquica de lo social. (G. Amado, 1990; 1994; 2003). La escena del trabajo y las condiciones concretas de su organización, como de sus crisis, podrían orientar la evolución de la personalidad individual hacia una estasis o por el contrario, hacia un desarrollo de la identidad (A. Levy, 1997). Al postular una continuidad entre funcionamiento psíquico y funcionamiento social, las modalidades organizacionales del trabajo representarían así un "fenómeno transicional" (D. Winnicott, 1951) pertinente para analizar.

Sociología clínica

La sociología clínica se apoya en la teoría psicoanalítica y en particular en los conceptos propuestos por S. Freud respecto de la formación de las instancias ideales y de los procesos psíquicos movilizados en la constitución de los grupos: identificación, ideal del Yo y Yo ideal (S. Freud, 1921). Su objetivo es hacer visible el peso respectivo de las determinaciones psíquicas y sociales en las conductas de los individuos pasando por el análisis de las trampas psíquicas tendidas a aquellas y aquellos que se dejan atrapar por las promesas, muchas veces atractivas, que les propone la comunicación empresarial (N. Aubert, V. de Gaulejac, 1991; V. de Gaulejac, 2005; V. de Gaulejac, F. Hanique, P. Roche, 2007).

Sociopsicoanálisis

El sociopsicoanálisis se diferencia de las tentativas de aplicación de la teoría psicoanalítica al campo de lo social a partir del modelo edípico (G. Mendel, 1992), al proponer centrarse en la investigación del impacto de los procesos sociales y organizacionales sobre la organización de la personalidad, y su poder para generar regresiones afectivas que faciliten el consentimiento (G. Mendel, 1998). En particular, es a partir de una reflexión sobre la autoridad y la noción de "actopoder" –que da cuenta a la vez del peso de la confrontación del sujeto con los vínculos de poder y de la dimensión del poder fundada sobre sus propios actos–, que se plantean ciertas hipótesis sobre los vínculos entre funcionamiento psíquico y relaciones sociales.

Centralidad del trabajo

Centralidad del trabajo y teoría de la subjetividad

La tesis de la centralidad del trabajo, sostenida en psicopatología y psicodinámica del trabajo, se diferencia sensiblemente de la tesis de la articulación entre individual y colectivo, o también de aquella de la interiorización de lo social en el funcionamiento psicológico defendida por la sociología (por ejemplo el "habitus" según P. Bourdieu que da cuenta de la "estructuración" de la historia del individuo por lo social [P. Bourdieu, 1980]), al defender una concepción dinámica de los vínculos entre psíquico y social mediatizada por el vínculo con el trabajo. En efecto, los vínculos dinámicos entre sufrimiento y placer en el trabajo dan cuenta del rol mayor que puede jugar el trabajo en la economía psíquica, en tanto mediador de la realización personal, o bien al contrario contribuir a desestabilizar los acondicionamientos psíquicos y empujar hacia la enfermedad, cuando los procedimientos defensivos elaborados para luchar contra el efecto desestabilizador de las restricciones organizacionales están obstaculizados. En psicodinámica del trabajo, el vínculo subjetivo con el trabajo se caracteriza en primer término por el celo, que designa a la inteligencia que se moviliza para enfrentar las resistencias e imprevistos encontrados en el ejercicio del trabajo y que caracterizan lo real.

Centralidad del trabajo y vínculos sociales de sexo

La noción de *centralidad del trabajo* fue introducida en un primer momento por sociólogos abocados al análisis de los vínculos sociales, con vistas a despejar la tesis según la cual el trabajo representa un desafío material central que organiza los vínculos entre hombres y mujeres en la sociedad.

El vínculo social de sexo está organizado por un *vínculo jerárquico* entre el grupo social de los hombres y el grupo social de las mujeres, cuyo desafío principal es el trabajo. De la división social del trabajo entre los sexos (división sexual del trabajo) resulta la asignación de los hombres a la esfera productiva del trabajo y de las mujeres a la esfera reproductiva, al igual que la "captación por los hombres de las funciones con fuerte valor agregado (políticas, religiosas, militares, etc.)". Los principios que organizan la división sexual del trabajo son:

- el principio de separación (entre trabajos de hombres y trabajos de mujeres);
- el principio jerárquico: un trabajo de hombre tiene más "valor" que un trabajo de mujer (D. Kergoat, 2001).

Desde el punto de vista del trabajo, las diferencias de práctica entre hombres y mujeres no resultan entonces de un determinismo biológico, sino que son construcciones sociales resultantes de los vínculos sociales que necesitan ser analizadas a partir de la referencia a la materialidad del trabajo. En efecto, las modalidades de la división sexual del trabajo no son inmutables, sino que cambian en el espacio y en el tiempo, introduciendo variaciones importantes tanto en la atribución como en la calificación de las tareas (masculinas o femeninas) (D. Kergoat, 2000). El aporte de la sociología de los vínculos sociales de sexo a la psicopatología permite comprender que la identidad individual dependa en parte del *lugar ocupado por el sujeto en los vínculos sociales* (D. Kergoat, H. Hirata, 1987). El trabajo ocupa así un lugar central en las relaciones de género en la medida en que es el punto principal de la dominación de los hombres sobre las mujeres, y se manifiesta estrechamente imbricado con la división del trabajo en la esfera privada. Trabajo profesional y trabajo doméstico no son entonces esferas impermeables sino co-extensivas, lo que vuelve caduca la separación clásica entre el trabajo y lo que está por fuera del trabajo.

Contribución de la economía familiar al mantenimiento de las defensas profesionales

Sería ilusorio pensar que los efectos de las organizaciones defensivas sobre el funcionamiento psíquico se borran como por milagro cuando el sujeto deja el lugar de trabajo para reintegrarse a la esfera privada. El recurso a las defensas involucra toda la personalidad. Y para que las defensas continúen funcionando, la participación de la familia es a veces necesaria desde el punto de vista de la salud mental. Estas observaciones implican que las repercusiones del trabajo deben considerarse en la vida familiar en su conjunto, e incluso sobre el funcionamiento psíquico de los niños. Hay investigaciones de campo que muestran que la economía familiar tiene como función aportar una contribución al mantenimiento de las defensas; y que la preservación de la salud de los hombres en el trabajo se basa en el trabajo doméstico y el respaldo brindado por las mujeres (P. Molinier, 2004). Es posible resaltar que gracias a su trabajo de "*care*" (de cuidado, de vigilancia, de sostén brindado al cónyuge), las mujeres contribuyen al mantenimiento del equilibrio psíquico de los hombres, de sus hijos y por ende a la estabilidad familiar. En algunas condiciones, se ven así llevadas a renunciar a una parte de su autonomía en beneficio no solamente del trabajo doméstico, de la educación y del cuidado de los hijos, sino también del trabajo de su cónyuge (A. S. Wharton, 2004). Es posible asimismo mostrar en qué medida los valores de la competencia, del rendimiento, del individualismo en general pueden impregnar la educación de los hijos de aquellos que están confrontados a las nuevas organizaciones del trabajo (L. Gaignard, 2001). Estos trabajos permiten comprender de qué manera la *desestabilización de las defensas en el campo de trabajo* puede tener repercusiones no solamente en el campo erótico y en la identidad sexual, sino incluso en la esfera privada y familiar. (M. P. Guiho-Bailly, 1996).

El análisis clínico permite despejar modalidades de transmisión de la alienación de los padres por el trabajo al funcionamiento psíquico de los hijos. Estos
pueden ser llevados así a renunciar al despliegue de las implicaciones psíquicas
en áreas y sectores protegidos por el mecanismo de la represión pulsional de los
padres. Este proceso es similar al mecanismo de "identificación con los padres en
la comunidad de la negación" descripto por D. Braunschweig y M. Fain (1975)
y se manifiesta en el niño mediante la imposibilidad de movilizar una actividad
mentalizada en las áreas cubiertas por la represión pulsional de uno o ambos
padres. El recurso a la violencia dirigida contra el cuerpo del niño representa
otra modalidad susceptible de detener la actividad de pensamiento del niño tendientes a proteger la economía defensiva ligada al trabajo (C. Dejours, 2001; V.
Ganem, 2006). Estas diferentes modalidades relacionales generan serias trabas en
el proceso de desarrollo de las aptitudes para la sublimación del niño, que sigue
cautivo del sufrimiento ocasionado por el trabajo de los padres. En algunos casos
la normalidad de los padres parece haber sido obtenida al precio de desórdenes
psicopatológicos que inciden en el niño o adolescente (R. Canino, 1996).

La organización psíquica de los niños es entonces tributaria del vínculo subjetivo establecido por los padres con el trabajo y de su posicionamiento en los
vínculos sociales. Las posturas parentales frente al trabajo van a tener un rol
importante en el involucramiento de la escolaridad y las elecciones profesionales
de los niños, en particular en el ingreso a la adolescencia.

Adolescencia y trabajo

Es en la etapa de la adolescencia cuando la paradoja de la doble centralidad
del trabajo y de la sexualidad va a volverse conflictiva. La adolescencia es en
efecto el período en el cual los conflictos que organizan la construcción de la
identidad sexual se cuestionen a través de las experiencias sexuales y de las
relaciones amorosas por una parte; y mediante el encuentro y la experiencia del
trabajo por otra. La adolescencia representa así una prueba psíquica específica
que confronta a los sujetos con un doble movimiento de subversión:

* subversión del *determinismo biológico* a partir de los reacomodamientos psíquicos impuestos por las transformaciones pubertarias;
* subversión del *determinismo social* de las conductas en la medida en que una
  parte de las diferenciaciones ligadas al proceso identitario en juego en la adolescencia es tributario de los vínculos sociales de sexo. Esto supone admitir que
  las conductas sociales, incluso las conductas sexuales, son socialmente construidas y no dependen exclusivamente de la dinámica intrapsíquica. El problema práctico que se plantea entonces al médico clínico es el de poder analizar la
  manera en la cual van a jugarse los vínculos dinámicos entre los determinantes
  intra-psíquicos de la identidad sexual y el peso de las construcciones sociales.

El trabajo psíquico de subversión de los determinismos sociales se despliega principalmente a través de la dinámica de las identificaciones. Se pueden distinguir, en el plano teórico, dos dimensiones de la identificación:

* *la identificación con,* que es transmitida por el amor del objeto. El objetivo de la identificación es volver al Yo del sujeto similar al otro, que es tomado como modelo. Es el proceso de identificación derivada del complejo de Edipo que preside la formación de la personalidad por asimilación de los atributos de los padres;
* *la identificación por,* que remite a la dinámica de la asignación del niño por los adultos. La forma principal de la *asignación* del niño por los adultos es la asignación del género (Laplanche, 2003). Los mensajes que transmiten el proceso de asignación del niño por los adultos funcionan como un llamado a la "traducción", es decir a un trabajo psíquico por el niño. En la dinámica de la asignación que contribuye a la constitución de la identidad sexual, la posición de los padres en los vínculos sociales a través de su situación profesional entra en conflicto con la experiencia de los vínculos sociales que realiza por su lado el adolescente. Y esta experiencia asume formas diferenciadas y no simétricas para el o la adolescente, respecto de las construcciones sociales organizadas en torno de la figura de la virilidad. Los modelos de masculinidad o de feminidad propuestos por la sociedad no son simétricos. El modelo de la feminidad existiría únicamente en negativo, consagrado a la "discreción" (P. Molinier, 1996). La construcción de la identidad sexual de los adolescentes sigue siendo prisionera, por un lado, de la invisibilidad indisociable de los saber hacer denominados "femeninos". Para los adolescentes, la conquista de la identidad sexual se despliega a partir de la subversión de las construcciones sociales de la virilidad, lo que representa una trampa en la cual la identidad puede verse capturada (C. Dejours, 1988).

La implicación subjetiva en el trabajo sigue siendo un tema de investigación insuficientemente explorado por los clínicos y los psicoanalistas, que privilegian generalmente el análisis de los obstáculos a las implicaciones sublimatorias en las cuales la inhibición es analizada como el signo de la carga pulsional excesiva que incide sobre el funcionamiento cognitivo (D. Marcelli, A. Braconnier, 2008). Sin embargo, en el marco de los reacomodamientos psíquicos consecutivos al "trabajo de la adolescencia" y del "pubertario" (P. Gutton, 1991), el vínculo con el trabajo adquiere una importancia fundamental respecto de la dinámica de la sublimación, que da cuenta de los intereses intelectuales y de las inversiones psíquicas movilizadas en la búsqueda de realización en el campo social.

Pareciera que la paradoja teórica de la doble centralidad puede ser resuelta si el trabajo psíquico de elaboración, declinado según el modelo del *Arbeit* freudiano, se comprende como la resultante en el nivel intrasubjetivo de la movilización subjetiva exigida por el encuentro con el trabajo habitual ("poïésis"). Esta movilización subjetiva puede ser analizada a la luz del involucramiento específico del cuerpo en el trabajo.

5 / Contribución de la clínica médica al análisis de la inteligencia en el trabajo

Un descubrimiento clínico: la implicación del cuerpo en el trabajo

Las investigaciones clínicas sobre el trabajo han contribuido a poner en evidencia una forma específica de inteligencia desarrollada en situación real de trabajo, basada sobre la movilización de mecanismos psíquicos que contribuyen al proceso de "*subjetivación*" de la materia, de la máquina, de la herramienta o incluso del comportamiento del otro, si pensamos en las actividades de servicio. La descripción clínica propuesta por R. Linhart (1971) sobre el obrero y la elaboración de su herramienta técnica que es su banco de trabajo es uno de sus más famosos ejemplos. Se le puede dar el nombre de "*ingeniosidad*" a la inteligencia desplegada en situación de trabajo, para poner en evidencia su carácter inventivo y práctico basado en la experiencia del trabajo, del cual se presentan a continuación algunos ejemplos.

El vínculo personal e "íntimo" con las máquinas

Dentro de la empresa, el vínculo de los obreros con las máquinas-herramientas convencionales sobre las cuales trabajan es visible a partir de perífrasis (imágenes) y comparaciones. Tienen en común que expresan un apego y una afinidad personal específicos. Se dice por ejemplo que los obreros profesionales están "casados" con su máquina, que "el hombre y la máquina" son uno, que los obreros cuando hablan de su máquina dicen "mi máquina" (…). En palabras de un obrero: "un vínculo personal es necesario, ya que (la máquina) tiene sus caprichos y la precisión solo es posible cuando uno conoce la máquina" (F. Böhle, B. Milkau, 1998).

El juego de Scrabble

Una investigación realizada en una industria petroquímica mostró que los técnicos encargados de gestionar el proceso productivo que vigilan las instalaciones en la sala de control tienen la costumbre de jugar al Scrabble, en las fases de funcionamiento en "velocidad crucero" (C. Dejours, 1993). Esta práctica insólita en el lugar de trabajo genera en los obreros cierta culpabilidad, en la medida en que la vigilancia debería ser constante, con lo cual disimulan esta práctica cotidiana. Lo que saltó a la luz es que cuando el *process* funciona y está bien regulado, los obreros se aburren. Esta situación de inactividad los irrita y los angustia. Al jugar al Scrabble, ellos comparten una ocupación distendida y se calman. El juego del Scrabble precisa también tomarse su tiempo, permite la reflexión en el medio de la acción. Durante ese lapso, uno u otro se levanta y verifica o bien regula los niveles de los caudales o de las presiones y vuelve a su lugar. Pero en realidad, durante el juego, ellos "escuchan" el *process*: el ruido, las vibraciones, el ronroneo de las instalaciones. El cuerpo está impregnado de este ruido de fondo. Y cuando ocurre un ruido anormal, una vibración más baja en su frecuencia, por ejemplo, el cuerpo del obrero reacciona, y éste se levanta. En cambio, si los obreros se ponen a escuchar activamente el ruido, pensando en éste, todos los ruidos se vuelven entonces sospechosos. Es necesaria una cierta "distensión" para que los sentidos estén en vigilia, para acordar sensorialmente con el funcionamiento de las instalaciones. Los obreros "auscultan" así el funcionamiento de las instalaciones mientras juegan. Esta auscultación solo es posible para obreros experimentados, ya que no puede ser enseñada o aprendida mediante consignas. Pero puede aprenderse en el contacto con los obreros más antiguos.

Cuerpo y trabajo de cuidados sanitarios

Otras observaciones clínicas extraídas del trabajo de cuidados ponen en evidencia el involucramiento del cuerpo del personal de cuidado sanitario en el trabajo, que condiciona el desarrollo de las habilidades. El trabajo de cuidados sanitarios se caracteriza porque consiste la mayor parte del tiempo en anticipar las necesidades de los pacientes. Con la experiencia, estos trabajadores son alertados por algunos signos corporales (color y olor de la piel de los enfermos, por ejemplo) que les advierten de la aparición posible de complicaciones. La manipulación repetida de los cuerpos enfermos modifica también su sensibilidad: las enfermeras suelen decir que ellas mismas se "endurecen" al acostumbrarse a los olores, a la vista de la sangre. Esta sensibilidad proveniente de la experiencia del trabajo las lleva a elaborar conductas específicas que pueden pasar por incongruentes, sospechosas, incluso contraproducentes para un observador externo. En el servicio de cuidados intensivos, suele ocurrir que las enfermeras no sigan la normativa de seguridad según la cual es necesario ponerse guantes para poder brindar los cuidados a los enfermos de SIDA. Sin embargo, esta transgresión tiene un objetivo práctico y ético: cuando la muerte del paciente se acerca, sacarse los guantes permite conservar un "contacto" humano y brindarle una marca de compasión mediante el contacto directo con su piel (M.C. Carpentier-Roy, 1991).

En el transcurso de la higiene corporal y de las actividades con los enfermos de Alzheimer, algunas enfermeras implementan juegos relacionales al conversar con el demente, al hacerse pasar por personas conocidas de su entorno, a partir de fragmentos extraídos de su historia clínica, de anécdotas brindadas por las familias, de las conductas del paciente mismo (I. Gernet, F. Chekroun, 2008). También los enfermeros a domicilio que atienden pacientes que sufren del mal de Alzheimer, modulan y modifican su voz detrás de la puerta cuando algunos beneficiarios, confundidos, no los reconocen y se niegan a dejarlos entrar en su domicilio, o bien los reciben preparados para pegarles con algún utensilio (escoba, cacerola, bastón, paraguas …). Inventar una vida a los pacientes, jugar a ser personas cercanas permite restaurar una simetría relacional y contribuye a anticipar los trastornos del comportamiento y el surgimiento de violencia de los pacientes dementes.

Estos hallazgos de la inteligencia elaborados para enfrentar lo real del trabajo, características de la invención y de la innovación, son también "engaños", transgresiones respecto de las prescripciones específicas del trabajo cotidiano. Estos trucos propios del oficio se despliegan por lo general con discreción y se transmiten por fuera de los controles de la actividad y de la jerarquía.

El proceso de subjetivación, que organiza las prácticas de invención en el trabajo, muestra la solicitud del funcionamiento psíquico a partir de la elaboración de una fantasía particular: un *fantasma vitalista* que consiste en atribuir una "vida" a reacciones propias de las máquinas y del material. La familiaridad con el material pasa por un movimiento de "contacto", de "palpación" y permite disminuir la distancia entre el sujeto y el objeto de trabajo, y de atribuirle significados subjetivos. En cambio, si el objeto de trabajo llega a ser percibido como muy distante, muestra entonces su carácter ajeno, que acentúa la experiencia de pérdida de control derivada del encuentro con lo real, volviendo al sujeto "torpe", "incompetente". Esta construcción fantasmática se basa en la experiencia del cuerpo movilizada en situaciones de trabajo que posibilitan la capacidad de sentir los límites de las máquinas, por ejemplo, a partir del contacto familiar establecido entre el cuerpo y la máquina (uno se "lanza", la "pone a fondo", se "toma el material cuerpo a cuerpo"…). El proceso de subjetivación, que concierne a la vez a ciertos objetos inanimados y también a la materia "inmaterial" como el cuerpo (el cuerpo humano, pero también el cuerpo de los animales en el caso de los agricultores [cf. M. Salmona, 1994; J. Porcher, 2002]) y la subjetividad del otro, se despliega en favor de la experiencia continua y renovada con la situación de trabajo: se les habla a las máquinas, a los animales, a los enfermos, etc. La innovación de modos operatorios inéditos, moldeados por el compromiso perseverante con el trabajo, puede culminar en el desarrollo de nuevas formas de sensibilidad del cuerpo, de manera que el sujeto se encuentra en situación de experimentar afectos inesperados e inéditos (como en el caso del obrero que "ama" su máquina, por ejemplo).

Teoría psicoanalítica del cuerpo

Para dar cuenta de la génesis de nuevos modos de sensibilidad y de afectos suscitados por el encuentro con el trabajo, es necesario invocar una teoría del cuerpo erótico –no reductible al cuerpo biológico gobernado por las reacciones fisiológicas. A partir de la teoría psicoanalítica, es posible postular la existencia de un "segundo cuerpo" formado a partir del cuerpo de las necesidades fisiológicas. La noción freudiana de apuntalamiento permite dar cuenta del hecho de que la economía biológica es desviada en beneficio de la satisfacción pulsional (S. Freud, 1905). El niño es capaz de utilizar su boca, en un principio siempre destinada a la función fisiológica de la alimentación, pero también otras zonas de su cuerpo –electivamente las zonas erógenas– para encontrar placer. Gracias al apuntalamiento, la pulsión se desprende al menos parcialmente del instinto, mediante un proceso de "subversión" de lo biológico en beneficio de la economía libidinal. Diferentes órganos, en particular las partes del cuerpo que delimitan el interior de lo exterior, como los órganos de los sentidos, los esfínteres, la piel, las mucosas y los órganos motores, contribuyen a la instalación de la primacía del deseo sobre el registro de las necesidades, a partir de las excitaciones que se experimentan en el cuerpo. La sexualidad no sería entonces innata, sino que resulta del apuntalamiento de las pulsiones sobre el registro de las necesidades, iniciado por el cuerpo a cuerpo entre el adulto y el niño, en particular en el momento de los cuidados. La relación entre el niño y los adultos está organizada por la dependencia del recién nacido frente a los cuidados que se le brindan. Esta dependencia de los cuidados pone de manifiesto el desequilibrio que rige la relación entre el adulto y el niño que se encuentra en un estado de pasividad. El despertar prematuro de la sexualidad se produciría bajo el carácter seductor de los cuidados maternales, ya revelados por S. Freud (1911). Lo sexual deriva poco a poco del registro de la autoconservación bajo el efecto de los cuidados seductores del adulto, ya que este último no responde en el registro estricto de la autoconservación al satisfacer las necesidades fundamentales del niño, sino que propone al niño mensajes impregnados de significaciones que éste desconoce, verdaderos mensajes "enigmáticos" que llevan la marca de la sexualidad adulta (J. Laplanche, 1987). Estos mensajes comprometidos están en el comienzo de la "seducción por el adulto". Frente a estos mensajes, el niño va a buscar traducir lo que le sucede en su cuerpo en el transcurso de los intercambios con el adulto. Este intento de traducción corresponde al *trabajo de vinculación psíquica* de las excitaciones del cuerpo. A partir del cuerpo a cuerpo entre los adultos y el niño, se va a edificar el cuerpo erótico, por subversión del cuerpo biológico. El movimiento de "despegue" del cuerpo erótico a partir del cuerpo biológico conserva sin embargo un carácter inacabado, lo que explica que la implicación del cuerpo erótico tenga que ser siempre reconquistada. (C. Dejours, 2001).

La movilización del cuerpo erótico en el trabajo lleva a encontrar una solución inédita, que se materializa bajo la forma principal de la *intuición*. La actividad de figuración del mundo, que resulta del compromiso del cuerpo con el trabajo, opera entonces transformaciones en la dinámica psíquica y por consecuente modifica el vínculo que el sujeto mantiene con la realidad, lo que motiva por ejemplo a A. Giacometti a decir: "no sé lo que veo más que trabajando" (A. Giacometti, 1952).

La clínica de la inteligencia en el trabajo revela por otra parte que los procesos psíquicos que sostienen el desarrollo de las habilidades en el trabajo no pueden anticiparse ni preverse por adelantado. El trabajo requiere una movilización del cuerpo que siente pero también experimenta el miedo, la duda, la perplejidad, el placer del éxito... Los cambios experimentados por el cuerpo (ruidos, olores, calor pero también el aburrimiento) son los que movilizan la curiosidad y la búsqueda de solución. El cuerpo, involucrado en el encuentro con los objetos técnicos (máquinas, herramientas, instrumentos) tanto como con el cuerpo y la subjetividad del otro, se ve aquí afectado, es decir movilizado al servicio del sentido de los gestos de trabajo. En otros términos, *el cuerpo sostiene la intencionalidad del trabajo*: saber modular su voz para hacerse entender por las personas ancianas, el comentario lúdico de los gestos técnicos que realiza una enfermera que se ocupa de un niño, como también la calibración de un motor por el oído, requieren del "tacto" y de la imaginación para enfrentar las situaciones inéditas o inesperadas. Estas habilidades, además de desplegarse bajo la lógica del secreto y de la astucia, conservan la mayor parte del tiempo su carácter implícito, a escondidas de las capacidades que se designan como "habituales" o "naturales", ya que se adelantan a la simbolización bajo la forma de una representación y de un conocimiento formalizados y utilizables por el sujeto.

La investigación de los procesos psíquicos que organizan la clínica de la inteligencia en el trabajo necesita ser profundizada, en particular a partir de una discusión teórica que incida sobre el estatus del cuerpo en la metapsicología psicoanalítica. La tesis de la *primacía del cuerpo en el trabajo del pensamiento*, a partir de la referencia a la teoría de la seducción generalizada de J. Laplanche, pero también de las teorizaciones psicosomáticas sobre el cuerpo erótico (C. Dejours, 1986; 2009), permite visualizar cómo se construye la sensibilidad del cuerpo a lo largo de los intercambios precoces entre el adulto y el niño. Pero está también marcada por los *impasses* de la relación. La perlaboración del sufrimiento surgido del encuentro con el trabajo sería por una parte tributaria de la construcción del cuerpo erótico. De las impotencias del cuerpo resultan algunas torpezas, incapacidades y defectos de sensibilidad que pueden revelarse en ocasión de la prueba del trabajo.

Pero el enigma que constituye el trabajo puede también contribuir a enriquecer el trabajo de elaboración de la experiencia singular del cuerpo solicitada en el desarrollo de las habilidades profesionales y contribuir a desarrollar nuevas formas de sensibilidad del cuerpo. En este proceso, la inscripción en un colectivo de trabajo puede jugar un rol importante, al favorecer las condiciones a partir de las cuales el sujeto estará en condiciones de poder elaborar la experiencia del trabajo y de rendir cuentas de ello (*cf. infra*).

Otras concepciones de la inteligencia en situación de trabajo

Otras descripciones de la inteligencia práctica e inventiva han sido propuestas por fuera del campo conceptual de la psicología.

Enfoque descriptivo

Un enfoque descriptivo de la inteligencia movilizada frente a las situaciones inéditas y frente al imprevisto ha sido tematizada bajo el nombre de *metis* por los Griegos antiguos. El análisis propuesto por Detienne y Vernant sobre las características de la *metis* designa diversas disposiciones, como las metamorfosis de las divinidades, las trampas y carnadas utilizadas para la caza y la pesca, el arte del carpintero, el dominio del navegante, el olfato del político, la mirada experimentada del médico, pero igualmente el viraje del zorro o el polimorfismo del pulpo que se confunde con su entorno para atrapar a sus presas (M. Detienne, J.P. Vernant, 1974). La *metis* es una inteligencia que actúa por astucia y por mimetismo para alcanzar la eficacia práctica.

Enfoque crítico

En el marco de un enfoque crítico de las ingenierías, los investigadores alemanes F. Böhle (antropólogo) y B. Milkau (psicólogo) han desarrollado el concepto de "*actividad subjetivante*" (1998) para rendir cuenta de las capacidades y de los conocimientos prácticos particulares desarrollados en el transcurso de la experiencia del trabajo. Se han interesado en la actividad obrera de la producción, pero también en las nuevas tecnologías, en particular en la utilización de máquinas con comandos numéricos. Si bien los obreros están físicamente presentes en la sala de control, están también mental y "psíquicamente" presentes cerca del material en transformación, y desarrollan un control sensorial de la instalación. Estos tipos de habilidades se designan por lo general con el término anglosajón de *tacit skills* (habilidades tácitas) y son admitidos de manera implícita, aunque difícilmente tomados en cuenta en las modelizaciones o descripciones científicas del trabajo. Se habla entonces de "sexto sentido" cuando los obreros son capaces de adivinar por adelantado los resultados de algunas medidas efectuadas por los aparatos. El análisis de estas conductas muestra que escapan en parte a la conciencia, aunque sean intencionales. Las habilidades técnicas se caracterizan por una experiencia "sensible", pero también por el desarrollo de "sensaciones" en la manipulación de las máquinas y la realización de los procedimientos. Aunque la noción de "actividad subjetivante" se refiere a la fenomenología de la percepción de Merleau-Ponty y no toma en cuenta directamente los procesos intrapsíquicos movilizados por la actividad de trabajo, pone en evidencia la relación entre percepción sensible y estructuración de la actividad. Según F. Böhle y B. Milkau, "el conocimiento fundado sobre el sentir no se basa únicamente en un saber teórico –o más bien cognitivo– adquirido, sino que se elabora en la interactividad activa con el entorno: es el resultado de la práctica y se aprende en la acción".

En sociología

El *conocimiento por cuerpo* (P. Bourdieu, 1997), que está en el origen del sentido práctico, rinde cuenta de los procesos cognitivos según los cuales existe una "multitud de cosas que solo entendemos con nuestro cuerpo, más allá de la conciencia, sin tener las palabras para decirlo". La referencia al cuerpo sirve igualmente para poner en evidencia los procesos de socialización de las sensaciones (D. Le Breton, 2008) que participan en la toma de conciencia corporal y organizan la experiencia singular. Sin embargo, fuera de las investigaciones provenientes de la corriente norteamericana de la sociología de las emociones (*emotion work*), los trabajos de sociología que toman como objeto de estudio al cuerpo no se refieren específicamente al trabajo y al compromiso del cuerpo con el trabajo. En cuanto a los estudios sociológicos que consideran el rol estructurador del trabajo, privilegian generalmente una reflexión centrada sobre la acción (A. Touraine, 1965), sin explicitar los basamentos que llevan incorporados.

En filosofía

En el campo de la filosofía, el conocimiento del mundo mediante el cuerpo que experimenta, del que se habla aquí, se designa *"cuerpo-apropiación"* (M. Henry, 1987). El conocimiento del mundo resulta de un conocimiento sensible que no puede reducirse a las categorías geométricas y matemáticas utilizadas por la ciencia, que buscan representar y modelizar los vínculos entre el sujeto y el mundo. Por el contrario, para el filósofo M. Henry, la acción y el trabajo son una actualización, una expresión de la cuerpo-apropiación del mundo, resultante de la naturaleza forzosamente afectiva de la subjetividad.

¿Qué definición de la inteligencia?
Un regreso a los vínculos entre competencia y rendimiento

La búsqueda de una definición precisa del compromiso subjetivo movilizado por el trabajo se basa en la descripción hecha por la ergonomía de la brecha irreductible entre el trabajo prescripto por la organización y la actividad real (*cf. supra*). Las habilidades y las competencias desarrolladas y aplicadas en el transcurso de la actividad de trabajo escapan a la descripción y no pueden ser prescriptas porque consisten, justamente, en hacer frente a lo que no está previsto por la organización del trabajo. La concepción del trabajo considerada designa entonces ante todo un *modo de implicación de la personalidad* en la realización de tareas (profesionales, pero también domésticas) definidas con anterioridad por una organización material y social. Pero si bien el valor sublimatorio del trabajo cotidiano dista de ser reconocido en el campo psicoanalítico, es posible demostrar con el apoyo de la clínica médica que el trabajo moviliza la subjetividad en su conjunto. Las habilidades inventadas en el marco de las situaciones de trabajo revelan la porción subjetiva y en parte no consciente del trabajo, que explica en particular cómo el enfoque cognitivo clásico tiene dificultades para dar cuenta de la implicación del cuerpo en la actividad de trabajo. Esta inteligencia del cuerpo es requerida sin embargo en todas las actividades, industriales agrícolas, de servicio o de cuidados, así como en la investigación y la docencia.

Brindarles a los poderes del cuerpo erótico, a partir de la teoría psicoanalítica y de la referencia al trabajo, un lugar central en la teoría de la inteligencia, implica defender una concepción de la inteligencia que da por tierra con los postulados de los enfoques convencionales del pensamiento en psicología.

En los enfoques convencionales, la referencia a una epistemología genética es la que prima para dar cuenta del desarrollo de la inteligencia en autores tales como J. Piaget, H. Wallon, o L. Vygotsky. Piaget defiende un paralelismo entre la maduración biológica y el desarrollo de la actividad mental, a partir de la adaptación y de los diferentes esquemas de acción que preparan la actividad de representación y organizan la interacción con el medio (J. Piaget, 1954, 1970). En cuanto a H. Wallon, éste marca la importancia del acto motor y de las emociones en la construcción de la inteligencia y del pensamiento (H. Wallon, 1942). Su desarrollo, al igual que el lenguaje para L. Vygotsky, está mediatizado por la relación establecida con el adulto. Las funciones superiores son el resultado de la comunicación establecida con el mundo circundante, a partir de la interiorización de los signos del lenguaje. La inteligencia es siempre, en estas concepciones genéticas, presentada como anterior al desarrollo de los aprendizajes.

El ingenio revelado por la clínica del trabajo se distingue igualmente de la inteligencia emocional descripta en el campo de las teorías de la organización y del *management* a partir de la obra de D. Goleman (D. Goleman, 1995). Si bien es una idea compartida por la psicopatología del trabajo y las teorías de la organización y de la gestión el postulado de que el CI (Coeficiente Intelectual) es un indicador poco fiable para apreciar el rendimiento en el trabajo, existen ciertas diferencias importantes, principalmente en cuanto al estatus acordado a la vida psíquica en la experiencia de trabajo. La inteligencia emocional, como los otros modelos provenientes de las teorías de la gestión que insisten sobre el rol de las emociones y de sus expresiones para sostener el desarrollo de las organizaciones (como en el caso de las teorías del *leadership* [por ejemplo, J. F.

Chanlat, 1990; 2002]), se basan en una concepción cognitiva y neurobiológica de las emociones y de la afectividad. Estas concepciones culminan en una negación del inconsciente y de la dinámica pulsional de la subjetividad, de los procesos psíquicos involucrados en la lucha por la identidad, tanto como de la significación subjetiva de las descompensaciones psicopatológicas.

En psicología del trabajo, diferentes modelos proponen ciertas hipótesis relativas a los vínculos existentes entre rendimiento y competencia, en los cuales la competencia, entendida como una capacidad para resolver problemas profesionales y realizar un trabajo determinado, antecede al rendimiento e incluso representa una de sus condiciones *sine qua non* (J. Merchiers, 2000). Su resultado es un conjunto de prácticas que apuntan a apreciar y reconocer estas competencias por el recurso a herramientas específicas (referenciales, perfiles de competencias, dispositivos de validación de los saberes adquiridos, etc.), cuya forma más clásica es la evaluación de competencias.

Las descripciones clínicas de la inteligencia en situación de trabajo contribuyen a invertir el vínculo entre competencia y rendimiento: el rendimiento antecede a la competencia y no a la inversa. La competencia sería la forma bajo la cual se capitalizan ciertos elementos del rendimiento y resulta de la gestión del desfasaje entre el trabajo prescripto y la actividad en sí. La simbolización que organiza la inteligencia en el trabajo está condicionada y estructurada por la experiencia afectiva originada en el vínculo con la tarea. Pero a veces el rendimiento no se puede transformar en competencia y se pierde, en la medida en que la mayor parte de los hallazgos y los trucos desplegados en situación de trabajo se realizan sin que el sujeto tome conciencia de ello. La principal dificultad para conceptualizar esta forma de inteligencia reside en que solo puede identificarse una vez realizada. Otra dificultad es la negación de esta inteligencia que manifiestan los especialistas de la concepción y de la organización del trabajo a a raíz de su carácter *invisible* por una parte, y su aspecto *transgresor* por otra. Estas habilidades, que muchas veces son astucias, suponen en efecto infracciones al reglamento y necesitan ser mantenidas en secreto.

6 / Incidencias psicológicas de la coordinación de las inteligencias

El sujeto al trabajar opera transformaciones del mundo produciendo bienes y servicios, pero se transforma también a sí mismo, lo que permite designar al trabajo como un "trabajo vivo". Este se caracteriza, como se ha visto, por la formación de habilidades individuales que emergen de la experiencia del cuerpo, pero también por la invención y la apropiación de las capacidades colectivas.

Como el trabajo también es un vínculo social, supone la "coordinación" de las inteligencias que preside la formación de los colectivos de trabajo. En otros términos, ciertas relaciones complejas son necesarias para generar y luego asegurar la durabilidad de un colectivo de trabajo. Todo trabajador, incluso el artesano o el trabajador "independiente", debe conciliar su actividad con un colectivo de trabajo, el cual produce, mantiene y adecua las reglas del trabajo.

Es posible distinguir dos niveles en la coordinación de las inteligencias: la coordinación *stricto sensu* y la cooperación.

- *La coordinación* designa la prescripción otorgada por la organización del trabajo a las relaciones entre los individuos. Las descripciones del *management* brindan elementos relativos a las relaciones entre las personas en sentido vertical, de arriba hacia abajo (al determinar las relaciones de poder, los estatus, los roles y límites de las áreas de competencias). La implicación de los trabajadores se busca por lo general mediante la movilización de referencias ideológicas focalizadas sobre la "cultura empresarial" que apuntan al compromiso personal, sin vínculo con la actividad y la técnica de trabajo. La división social y técnica del trabajo que caracteriza la coordinación se manifiesta como necesaria al brindar un marco de referencia a los vínculos de cooperación.
- *La cooperación* designa los vínculos construidos entre los sujetos con vistas a realizar, voluntariamente, una obra común. La noción de "obra común" remite a la diferencia propuesta por H. Arendt entre "trabajo" y "obra". La obra remite a la síntesis de las actividades particulares y al sentido que caracteriza esas actividades, respecto de valores transmitidos en el mundo social y en el mundo subjetivo (H. Arendt, 1958).

Los vínculos de cooperación movilizan las iniciativas individuales elaboradas frente a las dificultades reales encontradas en situación de trabajo. La cooperación tiene entonces un doble objetivo: llenar las lagunas de la organización del trabajo en la descripción de las tareas, por una parte, regular y coordinar las iniciativas individuales implementadas por los diferentes sujetos, por la otra. La dimensión de unificación sostenida por los vínculos de cooperación toma la forma de *"reglas del trabajo"*, que son construidas por los sujetos de un colectivo para suplir las carencias de la organización prescrita del trabajo.

Reglas del trabajo y actividad deóntica

La formación de las reglas del trabajo reviste una importancia capital en el tránsito del hallazgo o de la ingeniosidad individual a la "técnica", que designa un "acto tradicional eficaz" en el sentido de M. Mauss y de A.G. Haudricourt (M. Mauss, 1934; A.G. Haudricourt, 1987). No existe regla de trabajo y de técnica sin una referencia a una transmisión y a una tradición. Para integrarse en una tradición de oficio, los descubrimientos individuales, en efecto, deben ser:

- inteligibles para los demás al inscribirse en la tradición;
- eficaces en cuanto al trabajo para poder beneficiarse con el reconocimiento de los colegas.

El análisis de la construcción de las reglas, a partir de investigaciones de campo en las profesiones de la construcción y obras públicas, de la industria química, o incluso en los hospitales, muestra que esta actividad moviliza las experiencias de los trabajadores y concierne a la vez a las dimensiones éticas, sociales, técnicas y relativas al lenguaje del trabajo. Las reglas del trabajo y su transmisión se basan en efecto sobre formas específicas de enunciación (D. Cru, 1988). A esta actividad específica de producción de reglas se le da el nombre de *actividad deóntica*. Estas reglas profesionales son el resultado de acuerdos normativos sobre lo que puede considerarse como válido, correcto, justo o legítimo. Las reglas profesionales no se inculcan pero se aprenden en el transcurso del ejercicio del trabajo. Los trabajadores que las cumplen lo hacen muchas veces sin prestarles atención. Las reglas se vuelven generalmente visibles cuando son transgredidas, cuando no permiten tratar el problema encontrado o bien cuando se movilizan reglas contradictorias.

Se distinguen cuatro formas de reglas que pueden representar cuatro aspectos de una misma regla profesional:

- las *reglas técnicas* que organizan las actividades y las distintas maneras de manejar las herramientas, los materiales utilizados, los procedimientos a aplicar, etc. A pesar de su resistencia manifiesta a las medidas de seguridad prescritas para prevenir los peligros del trabajo, los obreros de la construcción tienen un conocimiento implícito de aquellos peligros de los cuales se defienden espontáneamente. Estos medios de defensa se caracterizan por procedimientos específicos elaborados en el transcurso de la tarea y han sido designados como "habilidades de precaución", parte integrante de las capacidades y del arte de la profesión. En el caso de los talladores de piedra estudiados por D. Cru, la "armonización de la piedra a las dimensiones del cuerpo contiene el secreto de la precaución obrera" (D. Cru, 1985). A partir de este conocimiento subjetivo de la materia, posibilitado por el desarrollo de la sensibilidad en el contacto repetido de la piedra, las técnicas de precaución (en particular en el manejo de las herramientas, o la manipulación de las piedras) se encuentran integradas en las habilidades técnicas;

- las *reglas sociales* que organizan las relaciones entre los trabajadores de un equipo y las relaciones con los subordinados o la jerarquía para favorecer relaciones comprehensivas. Las reglas sociales se caracterizan esencialmente por la convivencia y el *vivir-juntos* que son testimonio, a pesar de las diferencias individuales, de los intereses comunes compartidos en el trabajo. La convivencia, que se despliega esencialmente en los espacios informales (pausas-cafés, brindis festivos…) juegan un rol mayor en la cohesión, el mantenimiento de la cooperación y la construcción de la confianza en el seno del colectivo de trabajo. La convivencia por otra parte, es aquello que se deteriora rápidamente cuando la discusión sobre el trabajo está comprometida (hipocresía, desconfianza, chismes…) y muestra así la necesidad de condiciones específicas (confianza y estabilidad del equipo, sobre todo) para que la discusión sobre el trabajo y sus reglas pueda perdurar. Puede ocurrir también que se realice una "convivencia estratégica" (C. Dejours, 2004), que designa una forma de convivencia sin solidaridad. Se trata entonces esencialmente de mantener buenas relaciones con los colegas. Esta forma de convivencia está generalmente asociada a una cooperación reducida a la búsqueda de compatibilidades entre colegas. Este tipo de configuración reciente parece ser una producción específica de la cultura de los ejecutivos en las empresas multinacionales;

- las *reglas del lenguaje* que organizan las prácticas del lenguaje y permiten la intercomprensión dentro del colectivo. Asumen la forma del vocabulario y jerga profesional, de las palabras técnicas, los neologismos que representan un obstáculo a la comprensión para aquellos que no comparten la experiencia de trabajo. El vocabulario profesional permite economizar explicaciones complejas y permite una intercomprensión rápida entre las personas de la profesión. (J. Boutet, 1995). Su inconveniente mayor es la condensación de las ideas y la economía del pensamiento sobre la actividad y la experiencia del trabajo, que se manifiestan entonces como "naturales" o "habituales" para los trabajadores;

- las *reglas éticas* que abarcan los valores comunes y las normas de referencia que organizan la actividad. La dimensión ética remite esencialmente a la discusión sobre lo que es justo o injusto en función de una situación específica de trabajo. La actividad sola puede en efecto ser puesta al servicio del bien (salvar vidas) o del mal (ocasionar la muerte). El análisis del trabajo revela al contrario que los criterios de justicia y de injusticia no pueden decretarse desde el exterior, sino que encuentran su racionalidad a partir de la discusión contradictoria, en conjunto con los colegas de trabajo. Una actividad puede así resultar eficaz y sin embargo suscitar sufrimiento, debido al conflicto generado por la realización de actos que pueden ser reprobados moralmente (L. Gaignard, A. Charon, 2005). Este tipo de conflicto está en el origen del sufrimiento ético, que designa el sufrimiento experimentado respecto del sentido moral, por el resultado de sus propias acciones (C. Dejours, 1998).

Formas y condiciones de posibilidad de la cooperación en situación de trabajo

Formas de cooperación

Se distinguen, desde el punto de vista teórico, tres formas de cooperación:

- una *cooperación horizontal*, entre pares, es decir entre aquellos que realizan el mismo trabajo;
- una *cooperación vertical* entre los asalariados y la jerarquía. Si los acuerdos entre los miembros de un colectivo son importantes, están lejos de culminar siempre en un consenso estable. Se necesitan arbitrajes ejercidos por la jerarquía para garantizar la estabilidad de la organización del trabajo. Sin embargo, estos arbitrajes son reconocidos como racionales y estructurantes por los equipos cuando son pronunciados respecto del conocimiento de lo real del trabajo;
- una *cooperación transversal* con los clientes o beneficiarios del trabajo (C. du Tertre, 2002).

Puesta en visibilidad del trabajo y características del espacio de deliberación

La cooperación se basa en reglas de trabajo construidas por aquellas personas que trabajan juntas y contribuye a subvertir la organización prescrita del trabajo. Pero el trabajo, para ser objeto de las discusiones, tiene que volverse visible aunque se caracterice por su invisibilidad, debido al involucramiento subjetivo que supone. Es esencialmente al pasar por la palabra de los sujetos cuando se vuelve posible acceder a la vivencia subjetiva del trabajo. Admitir que las conductas subjetivas están organizadas por una racionalidad específica (*racionalidad subjetiva* o *racionalidad pática*) no alcanza para volverlas visibles, pero supone que pueden manifestarse en el espacio social cuando se reúnan ciertas condiciones. La gestión de las brechas que existen entre la organización prescrita del trabajo

     Christophe Dejours e Isabelle Gernet / PSICOPATOLOGIA DEL TRABAJO

y la organización real necesita la formación de compromiso entre los diferentes puntos de vista sobre la ejecución de las tareas, los métodos y la organización del trabajo. La construcción de estos compromisos pasa por la confrontación de los argumentos formulados por todos aquellos que se han involucrado en la ejecución del trabajo, en el seno de los espacios formales, como las reuniones de equipo o los *staffs*, pero también de los espacios informales que sostienen las formas de convivencia. La confrontación de las opiniones requiere condiciones de inter-comprensión y una movilización subjetiva de los trabajadores en la confrontación en el seno de un "espacio público" específico (J. Habermas, 1981) llamado "espacio de discusión" o "espacio de deliberación".

El "*espacio de deliberación*" designa un lapso durante el cual las personas confrontan su punto de vista sobre la manera de trabajar, los diferentes "acomodamientos" que han encontrado para implementar astucias ante lo real. Este espacio de discusión formaliza un marco interno de la empresa o la institución para la confrontación: se habla allí esencialmente de cuestiones relativas a la práctica, contrariamente a lo que se privilegia en los grupos de palabra o de supervisión clásica. En efecto, no es la interpretación de los hechos vinculados con la transferencia o la contra-transferencia lo que está puesto en primer plano, sino las reglas comunes provenientes de una *técnica de trabajo compartida*. La confrontación de las opiniones puede así llevar a la evolución, a partir de la construcción de las reglas del trabajo, de las prescripciones de la organización del trabajo que se imponen a todos. Para trabajar colectivamente, se trata de estabilizar algunos hallazgos o astucias de la inteligencia práctica y de desestimar otros. No todos los inventos tienen el mismo estatus respecto del trabajo, es decir que no todos acceden al estatus de regla profesional. Sin la validación por el colectivo, el hallazgo, que se caracteriza siempre por su dimensión transgresora respecto de la organización prescrita del trabajo, corre el riesgo de pasar por un error técnico que implicaría una sanción. Es porque los descubrimientos de la inteligencia astuta pueden integrarse a las reglas del trabajo y así hacerlas evolucionar que la organización del trabajo puede ser transformada.

En el proceso de deliberación es necesario que cada uno pueda estar en condiciones de explicar cómo procede, y a partir de allí mostrar sus insuficiencias, sus límites y a veces sus fracasos, lo que convierte a la deliberación en el trabajo en una actividad riesgosa en el plano subjetivo, para aquellos que participan. El riesgo solo puede ser tomado si existe la *confianza* en los demás. Esta forma de inteligencia deliberativa contribuye, por otra parte, a renovar la concepción de la *responsabilidad*. En efecto, la participación en la deliberación involucra al sujeto con los demás, es responsable de sus actos respecto de él mismo y de los otros. La responsabilidad en el marco del trabajo no puede quedar como una cuestión confinada a la esfera individual sino que se vuelve una cuestión colectiva y compartida entre colegas. Este análisis contribuye a partir de ese momento a proponer interpretaciones sensiblemente distanciadas de los fenómenos de violencia o de maltrato a las personas en el ejercicio del trabajo que practican numerosos profesionales. Frente a las dificultades del trabajo, cada uno elabora compromisos, ajustes respecto de los modos operatorios prescritos, lo que genera inevitablemente contradicciones entre las personas. Cuando las dificultades ya no se refieren al trabajo sino a divergencias entre personas, el otro es identificado como responsable del trabajo mal hecho y de los riesgos tomados. Por otra parte, la capacidad de inventar, de encontrar soluciones y de aprovechar los márgenes de maniobra en un contexto de aumento de la carga de trabajo puede rápidamente verse deteriorada cuando uno se encuentra aislado. El riesgo de aparición de la violencia es mayor cuando las posibilidades de intercomprensión están arruinadas. Investigaciones realizadas en el ámbito hospitalario, pero también en el ámbito industrial, muestran en efecto que el surgimiento de actos de violencia entre colegas, contra los usuarios o de sabotaje contra las instalaciones está asociado con la desestructuración del colectivo que se acompaña con el aislamiento de uno o varios trabajadores (C. Dejours, 1992; 2007; P. Molinier, 1999). La prevención de la violencia aparece entonces estar vinculada en primer lugar a la calidad de la deliberación sobre el trabajo. La inteligencia común de una situación siempre muta en relación con la situación singular, al permitir a través de la deliberación, relanzar la elaboración de las contradicciones provenientes de la organización del trabajo.

Cooperación entre deseo y voluntad

La cooperación y la construcción de las reglas de la profesión suponen una contribución activa a cambio de la cual los sujetos esperan una retribución simbólica, en base al reconocimiento y a la pertenencia al colectivo de trabajo. Esta contribución se basa sobre un esfuerzo psíquico constante y renovado que predomina en la formación de la *voluntad de cooperación* en situación de trabajo. La retribución esperada es esencialmente simbólica: a cambio de los esfuerzos desplegados, de los riesgos corridos, de la inteligencia aplicada y del sufrimiento experimentado en el ejercicio del trabajo, los sujetos esperan un *reconocimiento*.

Se le puede dar al término reconocimiento, de utilización frecuente en los ámbitos de trabajo en particular en las prácticas de *management,* una definición precisa. El reconocimiento se entiende en el sentido de la comprobación del aporte de los sujetos a la organización del trabajo, que simultáneamente conlleva un reconocimiento de los límites y las insuficiencias de esta misma organización del trabajo. Otra dimensión del reconocimiento concierne a la gratitud de parte de los colegas de trabajo, la jerarquía y los clientes/beneficiarios (que no siempre es evidente). Aunque se caracteriza esencialmente por su dimensión simbólica y subjetiva bajo la forma de una retribución psicológica, el reconocimiento se beneficia también con formas materiales de retribución como los premios, el ascenso o los salarios. Sin embargo, resulta difícil, hasta imposible, establecer un vínculo proporcional entre el compromiso psíquico del trabajo que alimenta la contribución brindada por un sujeto y los resultados objetivos del trabajo recompensados de forma monetaria.

El reconocimiento como retribución moral o simbólica se basa esencialmente sobre apreciaciones cualitativas del trabajo que inciden sobre:

* la *utilidad de la contribución* (técnica, social, económica) a partir de juicios formulados esencialmente por la jerarquía y los clientes (*juicio de utilidad*);
* la *conformidad del trabajo* con las reglas del arte y de la profesión, formulada por los pares (*juicio de belleza*). El reconocimiento de la calidad del trabajo está siempre indexado conforme al vínculo con lo real, es decir que son los miembros del colectivo de trabajo los más capacitados para juzgar la calidad de la relación individual que cada uno mantiene con la tarea a realizar, así como la manera en que las habilidades singulares se ven involucradas y movilizadas prácticamente. Este tipo de juicio, socialmente formulado, es más severo y más exigente y tiene un rol importante en la realización de la dinámica de la sublimación. Este juicio formulado por los pares otorga una retribución al sujeto al reconocerle las cualidades provenientes de su comunidad de pertenencia y da cuenta de lo que el sujeto posee en común con los demás. El juicio de belleza contiene también un segundo aspecto que, más allá de las cualidades comunes, reconoce la originalidad y la diferencia respecto de los demás, lo que le brinda en definitiva su "identidad", es decir aquello por lo cual el sujeto no es igual a ningún otro.

La dinámica del reconocimiento juega un rol mayor para la identidad, en tanto le confiere al trabajador su pertenencia a un colectivo de trabajo, a una comunicad regida por reglas y valores. El reconocimiento del trabajo no depende entonces únicamente de los medios materiales, sino que involucra la atención brindada al *valor* y al *sentido* del trabajo (I. Gernet, C. Dejours, 2009).

Considerar el reconocimiento como un proceso dinámico complejo permite analizar los desafíos psíquicos de los déficits, e inclusive a veces de las negaciones de reconocimiento. La dinámica del reconocimiento contiene igualmente ciertas ambigüedades. Cuando se refiere a la persona, el reconocimiento puede ser contraproductivo al generar sentimientos de injusticia entre los trabajadores. Al desacoplarse del vínculo con lo real a partir de la experiencia del trabajo, el reconocimiento conlleva un riesgo de deriva imaginaria y de alienación subjetiva. En el contexto contemporáneo del trabajo, marcado por las prácticas de evaluación individual de los rendimientos, la exacerbación del sálvese quien pueda que fragiliza la solidaridad entre colegas, puede amputar o en algunos casos "desviar" la psicodinámica del reconocimiento. Algunas prácticas de "*management* por el reconocimiento" por ejemplo, que convocan el compromiso de los trabajadores mediante la identificación de sus cualidades personales, de sus presentaciones de sí mismos, o de sus redes de colaboración, son prácticas que conllevan el riesgo de alienación subjetiva en formas de reconocimiento desconectadas del trabajo real (S. Voswinkel, 2007; H. Kocyba, 2007).

Retorno sobre la teoría de la identidad

Los vínculos entre reconocimiento e identidad son de naturaleza indirecta y están siempre mediatizados por el trabajo. El reconocimiento incide en primer lugar y específicamente sobre el trabajo, sobre el *hacer*, a través de la elaboración de juicios sobre la calidad del "trabajar" y de los modos operatorios desplegados. Estos juicios cualitativos pueden ser reempadronados en el registro del *ser* en un segundo tiempo y representar entonces una ganancia para la identidad del sujeto.

La identidad no está nunca definitivamente estabilizada y permanece incierta, inacabada, marcada por las grietas y vulnerabilidades vinculadas con la historia individual. El hecho de obtener la identidad únicamente por mérito propio representa un desafío y un horizonte difícil de alcanzar. Por eso, la identidad, para estabilizarse, necesita de la confirmación a través de la mirada del otro. Este aspecto dinámico e intersubjetivo que funda el sentimiento de identidad reviste una importancia fundamental y ha sido identificado de manera específica por la sociología y el enfoque psicosociológico a partir de los trabajos de A. Mucchielli (1986). Desde el punto de vista clínico, toda descompensación psicopatológica es reveladora de una crisis de identidad que señala el debilitamiento del Yo y de sus límites. El paradigma de la crisis de identidad está representado por la adolescencia (E. H. Erikson, 1974), cuando las transformaciones del cuerpo vinculadas a la pubertad suscitan reacomodamientos psíquicos mayores y ponen a prueba el sentimiento de continuidad y de unidad del sujeto.

El aporte de la clínica del trabajo a la teoría de la identidad en psicopatología del trabajo se basa sobre una concepción dinámica de las relaciones entre el vínculo con lo real constituido por el trabajo, los otros y el sujeto. F. Sigaut, antropólogo del trabajo y especialista de la técnica, propuso una formalización del triángulo de la dinámica de la identidad bajo la forma: Real– Ego – Prójimo (F. Sigaut, 1990) (figura 6.1).

Figura 6.1. Dinámica de la identidad (según F. Sigaut).

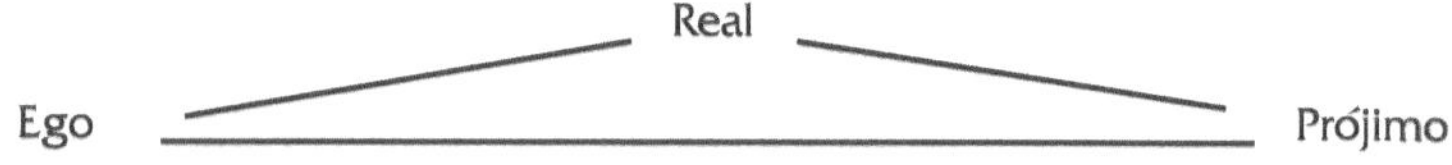

El sujeto puede construir su identidad si los tres polos, real, ego y prójimo permanecen ligados: cada sujeto comparte con los demás la experiencia de una misma realidad. La identidad, contrariamente a la personalidad, nunca está definitivamente estabilizada. Para estar confirmado en su identidad, el sujeto (ego) tiene siempre la necesidad de la mirada del otro (prójimo). Pero la construcción de la identidad y la realización de uno mismo pasan también necesariamente por una mediación, a saber el vínculo con lo real.

A partir de la clínica del trabajo, la formalización de F. Sigaut sobre la dinámica de la identidad es representada de la siguiente forma: Tarea – Sufrimiento – Reconocimiento (figura 6.2).

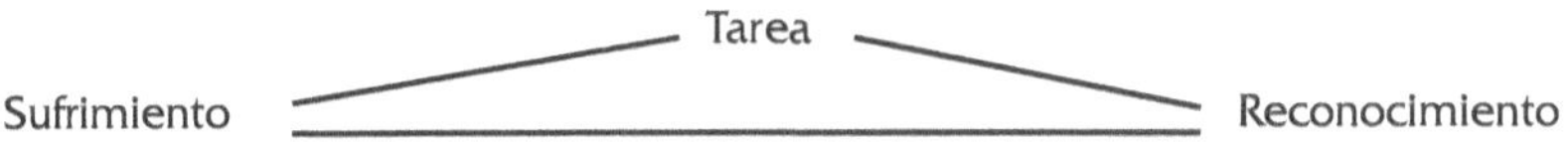

Sigaut describió también tres formas de alienación, de la cuales únicamente la primera es objeto de un reconocimiento en el campo de la psicopatología:

- la *alienación mental*: el sujeto está separado de lo real y del prójimo. Ha perdido el vínculo con lo real, habitualmente mantenido por el ejercicio del trabajo, pero también se encuentra en situación de soledad.
- la *alienación social*: el sujeto está condenado a la soledad, porque está cortado de la relación con el prójimo, es decir que no puede obtener reconocimiento alguno por parte de los otros de la relación que sin embargo mantiene con lo real del trabajo. El vínculo con lo real del sujeto se manifiesta incomprensible para los demás, como en el caso del genio mal conocido o del "sabio incomprendido". Esta posición es extremadamente delicada desde el punto de vista de la economía psíquica: o bien el sujeto se ve llevado a dudar de la verdad desde su vínculo con lo real, lo que lo lleva a dudar de sí mismo y de su identidad, o bien mantiene a toda costa su convicción pero siendo él solo su fuente de autoridad. El riesgo aquí es caer en la megalomanía y luego la paranoia (transformación de la sensación de injusticia en sensación de persecución);
- la *alienación cultural*: sobreviene cuando el reconocimiento entre el sujeto y el prójimo está constituido, pero la relación que mantienen con lo real está perdida. Según F. Sigaut, esto significa que el imperativo de solidaridad entre los miembros del grupo social está ubicado por encima de la consideración de lo real. El reconocimiento se juega entonces en la ilusión, que puede observarse en algunas comunidades o instituciones de trabajo, por ejemplo cuando la cúpula directiva de una empresa u organización ha perdido los vínculos y la comunicación con su base o cuando una administración ha roto el lazo con sus administrados, o en ciertas situaciones cuando la gerencia está satisfecha mientras que en el terreno, la situación no deja de degradarse. Las sectas representan otro ejemplo de alienación cultural.

Estas modelizaciones de los vínculos entre real, ego y prójimo permiten insistir sobre el vínculo con lo real que es capital en la lucha contra la alienación y la descompensación psicopatológica. La lucha contra la alienación no se juega entonces solamente en la esfera intrapsíquica, sino que implica necesariamente el vínculo con los otros, en el registro de la intersubjetividad. Lo esencial de la clínica en psicopatología del trabajo se despliega en el campo de la alienación social, es decir en situaciones en las cuales el vínculo entre un sujeto y lo real del trabajo es objeto de un no-reconocimiento, incluso a veces de una negación por parte de los otros. En el plano clínico, cuando la investigación está separada del contexto de trabajo, se vuelve difícil muchas veces distinguir la alienación social de la alienación mental.

El reconocimiento y la cooperación en situación de trabajo adquieren entonces una importancia fundamental respecto de la dinámica de la identidad y de la preservación de la salud mental. El reconocimiento contribuye a revelar el sentido del sufrimiento proveniente de la resistencia al dominio y de la experiencia del fracaso, ambos suscitados por la confrontación con lo real. La retribución simbólica conferida por el reconocimiento puede contribuir a transformar el sufrimiento en placer al favorecer las expectativas subjetivas respecto de la realización de uno mismo en el campo social. Aquí comienza el ámbito de la sublimación, en tanto "actividad socialmente valorizada" (S. Freud, 1915).

Renunciamiento y sublimación

Para el médico clínico que se interesa en el trabajo, se trata de comprender cómo el proceso de sublimación debe poder beneficiarse de condiciones sociales y éticas para desplegarse. Entre los "intereses del Yo" y la cooperación que organiza el "vivir juntos", se intercalan un conjunto de procesos psíquicos que apuntan a "desviar" lo pulsional hacia el interés colectivo. Este trabajo sobre lo pulsional se basa en particular sobre la actividad de traducción de los mensajes (J. Laplanche, 1987) "dirigidos" al sujeto, bajo la forma de juicios formulados por los otros sobre el trabajo. Estos juicios confieren al cambio de objeto de la pulsión su carácter "socialmente valorizado". La substitución del objeto inicial de la pulsión por la actividad socialmente útil no es espontánea y necesita ser reconquistada de manera repetida por el sujeto a partir de su inscripción en los vínculos sociales de trabajo. La culminación de la dinámica de la desexualización de la pulsión que se juega en el registro intrapsíquico depende de las condiciones sociales de validación de la sublimación. Estas condiciones requieren la existencia de una comunidad de pertenencia que formula los juicios de reconocimiento del trabajo. La obtención de la sublimación en situación de trabajo conlleva un riesgo para la salud mental, debido a la puesta en *impasse* de la ingeniosidad, pero también por la desestructuración de sus motores colectivos y de las formas de cooperación en el contexto de nuevos métodos de organización del trabajo.

En situación de trabajo, el problema planteado por la clínica de la cooperación es el de la coordinación de los individuos y de sus respectivas inteligencias astutas particulares. En efecto, este tipo de *inteligencia colectiva* no puede analizarse mediante el concepto de ingeniosidad o *métis*. Pero requiere referirse a otra forma de inteligencia identificada, desde Aristóteles, con el nombre de *"frónesis"* o "sabiduría práctica". Es posible, siguiendo a Aristóteles, distinguir las virtudes intelectuales (la sabiduría, la prudencia) y las virtudes morales (la generosidad y la moderación) (P. Ladrière, 1990). El deseo que caracteriza la parte irracional del sujeto sólo accede a la virtud si logra un justo equilibrio, al volverse "razonable". El justo equilibrio no está nunca fijado definitivamente, sino que varía según las situaciones y las personas. La sabiduría práctica contribuye a evitar los excesos así como los defectos por medio del recurso a la deliberación. La búsqueda de la verdad se vuelve posible por medio de decisiones. Es a través de la deliberación, concluida por la decisión que orienta la acción, que la sabiduría y el deseo pueden ir de la mano.

Las incidencias psicológicas de la cooperación se condensan en la prueba psíquica representada por la limitación del deseo individual y de la inteligencia particular, con vistas a favorecer y perennizar la dinámica del colectivo de trabajo. Esta situación genera, en el plano psíquico, un conflicto específico entre dos tendencias inconciliables:

- la búsqueda del placer en el trabajo por la movilización de la ingeniosidad individual;
- el renunciamiento que impone limitaciones a las satisfacciones pulsionales.

El *renunciamiento pulsional* es en efecto presentado por Freud como una de las condiciones de la sublimación y del trabajo de cultura, cuyo origen sitúa en el sentimiento de culpabilidad. Uno renunciaría a satisfacer sus pulsiones por no perder el amor de los padres. En efecto, la angustia más importante para Freud sería la angustia frente a la pérdida de amor en el contexto edípico. Se estaría renunciando a querer satisfacer los deseos edípicos, a querer reemplazar al padre, por miedo a perder su amor, así como el de la madre. Esta angustia de pérdida de amor estaría en el basamento de la constitución de la conciencia moral. El renunciamiento pulsional sería el proceso psíquico mediante el cual se vuelve posible despejar sentimientos alimentados por el deseo pulsional como la envidia, la rivalidad, los celos, etc. Al renunciar a la satisfacción inmediata del deseo inconsciente, una ganancia de deseo sería posible en una segunda instancia, debido al acceso a la dimensión de la cultura y de la sublimación. A partir de la clínica del trabajo, es posible despejar tres características esenciales del renunciamiento (C. Dejours, 2009):

- está supeditado al conocimiento de la subjetividad del otro, al imponer una suspensión de las exigencias pulsionales, con vistas al reconocimiento de las aspiraciones de los otros miembros del colectivo de trabajo;

- proviene de la implicación pulsional específica del pensamiento, en la medida en que el renunciamiento, en tanto supone el sacrificio de una parte de las aspiraciones personales, se opone a la satisfacción sexual y se revela costoso para la economía psíquica;
- es una apertura a la sublimación (en el sentido restringido del término) al favorecer el acceso a la dimensión cultural (*Kulturabeit*).

La clínica del trabajo lleva también a renovar la discusión sobre el estatus de la *conciencia moral*. El problema teórico planteado por la clínica del trabajo se presenta en efecto bajo la siguiente paradoja:

- las contradicciones entre el trabajo y los valores morales son una fuente mayor de sufrimiento en el trabajo (sufrimiento ético);
- el trabajo puede llevar a experimentar la traición a los demás, la humillación, la manipulación, la amenaza de la influencia, etc. sin ocasionar siempre sufrimiento, y sin que esto sea incompatible con la dinámica del reconocimiento.

En efecto, las formas de cooperación defensiva elaboradas para defenderse contra el miedo y el sufrimiento se caracterizan por un entumecimiento y distorsiones electivas de la actividad del pensamiento. En el caso de la radicalización de las defensas que acompañan la desestructuración de los vínculos de cooperación basados sobre la deliberación, la cohesión colectiva organizada alrededor de la búsqueda de un "enemigo común" o de un chivo emisario, puede culminar en violencia y en la participación de los individuos en ciertos actos moralmente reprensibles.

Esta paradoja revelada por la clínica médica obliga a analizar los vínculos existentes entre pulsión, sufrimiento y constitución del sentido moral, para despegar las condiciones de posibilidad de un ejercicio moral individual que puede asumir la forma de una *autonomía moral subjetiva* (P. Pharo, 1996). En la teoría psicoanalítica, la génesis de la conciencia moral está situada en la formación de las instancias morales, de las cuales el Superyo es el representante mayor. El rol otorgado a la conciencia moral es el de atemperar las emergencias pulsionales, en particular agresivas, para favorecer el respeto del sujeto a las obligaciones y las restricciones impuestas por el proceso cultural y la vida en sociedad. Pero la instancia moral del Superyo conserva raíces pulsionales (provenientes del Ello), lo que le confiere su carácter cruel (el accionar violento del Superyo en la neurosis obsesiva, por ejemplo) y finalmente amoral.

En consecuencia, los motores psíquicos del sentido moral no estarían en el Superyo, sino en el ejercicio del pensamiento preconsciente. Aquí se encuentra planteado el problema teórico de la división, que corresponde a la coexistencia de dos actitudes opuestas en el seno del mismo sujeto que no se influyen mutuamente. La división se caracteriza, en el plano metapsicológico, por la coexistencia de dos sectores de la vida psíquica: uno abierto al ejercicio de la reflexión moral y al trabajo del pensamiento; el otro, allí donde el ejercicio moral está suspendido y permite que el sujeto pueda brindar su concurso a la desdicha y al sufrimiento del otro. Las cuestiones planteadas por la clínica del trabajo interrogan entonces, de manera central, los fundamentos psíquicos de la "*aptitud para la civilización*", por una parte (S. Freud, 1915) y de la *emancipación individual* por otra, a partir de los destinos del sufrimiento y de las estrategias elaboradas para protegerse de ellos y preservar de esta manera la salud mental.

7 /   Análisis diferencial del sufrimiento en el trabajo en hombres y mujeres.

Trabajo y defensas

La consideración de la *división sexual del trabajo*, así como los desafíos psíquicos del trabajo, permiten comprender que la expresión del sufrimiento en hombres y mujeres, así como las maneras de protegerse del sufrimiento, no son similares.

Las descripciones de las estrategias colectivas de defensa en las profesiones masculinas de la construcción han contribuido a poner en evidencia el rol de la *virilidad social* en la lucha contra el miedo, hecho posible por el recurso a una negación de la percepción mantenida colectivamente. La virilidad social contribuye a la implementación y al mantenimiento de la negación a partir de la exaltación viril que funciona como una verdadera *compensación narcisista* respecto del sufrimiento ocasionado por el encuentro con el trabajo. La virilidad cumple un rol fundamental en la suspensión del miedo debido a su eficacia simbólica. La referencia a la virilidad contribuye no solamente a frenar la percepción del miedo, sino que su eficacia simbólica se revela también extremadamente poderosa para anestesiar el sentido moral. A partir de la identificación de las formas de cinismo viril en los ejecutivos, por ejemplo, es posible comprender que algunas actividades puedan revestir un valor simbólico socialmente valorizado, incluso cuando se trata de cometer una injusticia y de infligir el sufrimiento en nombre del "coraje viril". En el mundo del trabajo asalariado, como en el espacio privado, las actividades que confrontan con la vulnerabilidad y el cuerpo aparecen siempre como susceptibles de fragilizar las posiciones organizadas por la virilidad y son delegadas a las mujeres. Sobre este punto, los trabajos recientes dedicados a la *"ética del care"* proponen pistas de reflexión originales (P. Molinier, S. Laugier, P. Paperman, 2009; V. Nurock, 2010; M. Garrau, A. Le Goff, 2010).

El análisis del trabajo de enfermería contribuyó a visibilizar formas de cooperación propias del género femenino, a partir de la puesta en evidencia de reglas profesionales y estrategias colectivas de defensa elaboradas por mujeres

(P. Molinier, 1995). Las investigaciones en psicopatología y psicodinámica del trabajo no habían permitido distinguir antes modos de cooperación específica que culminaran en la formación de colectivos de trabajo femeninos, debido a la ausencia de la consideración de los vínculos sociales de sexo. En el caso de las obreras especializadas, el colectivo solo existiría en período de lucha y los grupos profesionales femeninos se caracterizarían más bien por su aspecto "atomizado", disperso y atravesado por "una intensa concurrencia interindividual" (D. Kergoat, 1988). El rechazo a identificarse con un colectivo de mujeres, asociado a movimientos de autodesvalorización, ha sido reconocido como el resultado de la reproducción de los vínculos sociales de sexo. Para las médicas cirujanas, la integración en el equipo quirúrgico –junto con los médicos cirujanos y las enfermeras– pasa por la adopción de "comportamientos de género justos". Así como las enfermeras del bloque operatorio se interesan por la vida privada del cirujano, se espera de una médica cirujana que se interese por los cónyuges e hijos de las enfermeras. Caso contrario, la misma sería "acusada de frialdad, de esnobismo o de indiferencia", mientras que la falta de interés manifestado por un hombre no sería sentido como tal (J. Cassel, 2001). Por otro lado, cuando las mujeres están en situaciones de trabajo que confrontan la vulnerabilidad y el sufrimiento, no pueden defenderse oponiendo una negación de percepción de esta vulnerabilidad, contrariamente a lo que se puso en evidencia en los colectivos masculinos. Esto implicaría en efecto negar su propia vulnerabilidad, lo que resultaría incompatible con continuar trabajando, tanto desde el punto de vista de su sentido como de la eficacia, en particular cuando el trabajo exige cuidar y "preocuparse" por el otro. Las defensas femeninas apuntan a conservar un vínculo con lo real del trabajo, que se caracteriza siempre por situaciones ambiguas y que genera inevitablemente conflictos de racionalidad. El trabajo, en tanto contribuye a la adquisición de capacidades particulares, supone no poder negar la vulnerabilidad ni la debilidad, a pesar de ser realizado en su mayor parte por mujeres. Las capacidades consideradas como naturalmente "femeninas" son el resultado en realidad de reacomodamientos psíquicos secundarios al trabajo que implican la experiencia singular del trabajo y la cooperación (P. Molinier, 2000). En otros términos, las competencias "femeninas" tales como la paciencia, la amabilidad, la sensibilidad o la emotividad en el contacto con los clientes o los pacientes, resultan ser competencias desplegadas a partir de la experiencia y de la familiarización con las tareas por cumplir, pero por otra parte son también tributarias de la existencia de un colectivo organizado por las reglas de la profesión,. Se puede por ejemplo oír decir que las "jóvenes" enfermeras u obstetras son menos atentas, menos pacientes que las "antiguas". Frente a las restricciones organizacionales, estas actitudes profesionales esperables solo pueden ser desplegadas en lo cotidiano si existe una cooperación entre las profesionales que permita resolver las contradicciones o las ambigüedades que resultan del cuidado de los pacientes.

La asimetría de las posiciones en los vínculos sociales entre hombres y mujeres tiene incidencias sobre la salud mental debido a la invisibilidad de las capacidades femeninas (que pueden unificarse bajo el término *care*), que sufren así un déficit de reconocimiento. Estas capacidades se caracterizan en efecto por sus cualidades "*discretas*", en la medida en que consisten en anticipar y aliviar las necesidades del prójimo y se vuelven visibles únicamente cuando éstas fracasan o ya no se realizan (J. Pinto, 1990; P. Molinier, 2006). Ciertas capacidades como el tacto, la empatía, la solicitud y la disponibilidad respecto del otro son generalmente "naturalizadas" e identificadas como atributos "femeninos". Estos atributos son reenviados a partir de ese momento al registro del "ser", en lugar de capitalizarse en el registro de la identidad bajo la forma de calificaciones y competencias provenientes de la experiencia del trabajo. En otros términos, algunas experiencias de trabajo, por el hecho de su división sexual, no se benefician del vector simbólico de la virilidad para capitalizar en el registro identitario.

Incidencia de los vínculos sociales de sexo sobre la identidad sexual

Las categorizaciones de "clase" y de "sexo" elaboradas por la sociología del trabajo contribuyen a cuestionar la concepción psicoanalítica de las diferencias psíquicas entre hombres y mujeres referidas exclusivamente a la psicosexualidad y al modelo psicoanalítico de la diferencia de los sexos. Existe así una tensión entre la definición de la identidad sexual en las ciencias sociales, por una parte, y la adoptada por la psicología clínica y el psicoanálisis, por otra. Desde el punto de vista de la teoría social, la identidad sexual designa una orientación sexual (hetero, homo…) influenciada por la pertenencia a un grupo definido por su género. El término de género (*gender*) introducido en los años 1970 por las feministas, pretende dar cuenta de las características, construidas socialmente, atribuidas a los hombres y a las mujeres (C. Delphy, 2001).

En la psicología clínica y en el psicoanálisis la identidad es singular, pero la identidad sexual depende forzosamente de la asignación de género realizada por los padres y por el entorno. Los trabajos de Roiphe y Galenson (1987) referidos a niños pequeños de dieciocho meses a tres años muestran que frente a la percepción de la diferencia anatómica de los sexos, niños y niñas van a reaccionar de maneras diferentes. Las niñas reconocen la diferencia y manifiestan síntomas de naturaleza depresiva, que serían indicadores del trabajo psíquico de simbolización iniciado por este descubrimiento y que se traducen en juegos y puestas en escena elaboradas frente a la comprobación de la diferencia anatómica (reacción de castración). Al mismo tiempo, manifiestan miedos de pérdida de objeto y preocupaciones respecto de la integridad corporal. En el caso de los niños, las perturbaciones no serían tan definidas. Se estarían defendiendo contra la angustia de la castración por el mecanismo de la negación (negar una percepción de la realidad) y por el desplazamiento (cambio del objeto de angustia). Los niños intentarían entonces negar la diferencia anatómica y la experiencia de la castración, mediante la implementación de defensas psíquicas, mientras que las niñas reconocerían esta diferencia.

Estos trabajos proponen una alternativa a la oposición binaria entre masculino y femenino que resulta de la teoría de la diferencia anatómica de los sexos formulada por S. Freud a partir de la dinámica edípica. La confrontación de los niños con la percepción de la diferencia anatómica sugiere que este descubrimiento de la diferencia no se caracteriza como una experiencia sexual que funda destinos psíquicos diferenciados entre masculino-fálico y femenino-castrado, sino más bien como un enigma excitante para ambos sexos. ¿Qué significa tener un cuerpo sexuado, ser un niño o una niña, en relación con la incomodidad de los adultos para responder a esta pregunta? La diferencia estaría situada no en la anatomía, sino en la manera de interpretar y traducir psíquicamente este enigma. El trabajo de simbolización del niño, varón o mujer, sería en parte tributario de la manera en que los adultos responden a la curiosidad del niño. Las respuestas de los adultos no son reductibles al discurso consciente formulado sobre las diferencias que existen entre hombres y mujeres, sino que están impregnadas de sus fantasmas y los resabios de la sexualidad infantil. Este trabajo psíquico de simbolización del niño podrá beneficiarse con nuevas formas de traducción, en particular en el momento de la adolescencia, debido a la inclusión en los vínculos sociales del trabajo y a la elección profesional (*cf. supra*).

La experiencia del trabajo, tanto como la experiencia de lo real del inconsciente, confronta al sujeto con la impotencia, la incapacidad y los límites del control. Pero la clínica del trabajo demuestra que el vínculo con lo real está fuertemente marcado por el género, debido al tratamiento distinto de la diferencia anatómica de los sexos por las construcciones sociales que definen dos tipos de identidad. La manera en que los hombres y las mujeres tratan la diferencia de los sexos culmina estructurando sus modalidades de pensamiento. El hombre se involucra en los vínculos sociales, confortado por el discurso del control, sostenido por la negación del fracaso y de la impotencia. La mujer mantendría de entrada un vínculo con lo real más verídico. La disposición a la negación de lo real que subyace a las estrategias de defensa de los colectivos masculinos tiene su raíz en la sexualidad infantil y en la negación opuesta a la percepción de la diferencia anatómica de los sexos. Esta distinción basada en la investigación del funcionamiento psíquico en ocasión de la prueba del trabajo no supone una esencialización de la masculinidad y la feminidad respecto de la diferencia de los sexos basada en la anatomía, sino más bien despeja procesos diferenciados en los destinos de las identidades singulares, que se despliegan entre sexualidad y trabajo. Si bien con el modelo freudiano las implicaciones sublimatorias en el trabajo se analizan como la prolongación de las tendencias masculinas o femeninas a partir de la referencia a la teoría de la bisexualidad psíquica, la clínica del trabajo permite renovar la investigación de los vínculos entre *masculinidad* y *feminidad*.

En psicopatología y psicodinámica del trabajo, la identidad sexual se presenta como una construcción conflictiva entre la conquista de la identidad en el campo erótico y en el campo profesional. La identidad sexual es entonces la resultante de una tensión entre lo que surge de la identidad singular por el peso de los vínculos sociales de sexo, por un lado y la identidad propiamente "subjetiva" que remite a la dinámica pulsional intrapsíquica por el otro. Se distinguen así las parejas: mulieridad/feminidad y virilidad/masculinidad para rendir cuenta de esta tensión. La mulieridad designa las construcciones sociales que organizan el estatus conferido a las mujeres por los vínculos de sexo, opuesto a la feminidad que designa el trabajo psíquico mediante el cual la subjetividad se desprende de los estereotipos sociales de la mulieridad en el modelo "de la mujer-ama-de-casa-sometida-a-su-hombre" (C. Dejours, 1996). De la misma manera, la masculinidad se diferencia de la virilidad socialmente construida y puede definirse como la capacidad de subvertir los estereotipos de la virilidad.

En el campo de la psicopatología del trabajo, nos vemos así llevados a tener en cuenta la contradicción entre el trabajo y la teoría sexual. Si en la medicina clínica son frecuentes intricaciones entre implicación en el trabajo y dinámica de la personalidad, el principal peligro de este tipo de interpretaciones es el de eufemizar, incluso ocultar lo que proviene precisamente del vínculo social de trabajo, en particular en el contexto de los vínculos sociales de sexo. La experiencia del trabajo no puede reducirse a la simple repetición de la historia infantil. Las vicisitudes de la identidad que toman la forma de trastornos psicopatológicos en la edad adulta no pueden comprenderse únicamente a partir de la cristalización de los conflictos vinculados con la sexualidad infantil, pero su análisis necesita una referencia a la materialidad y a lo real del trabajo. El médico clínico pre-ocupado por la salud mental, en un contexto de aumento de las psicopatologías vinculadas al ejercicio del trabajo se confronta siempre con la siguiente pregunta: ¿cómo separar lo que corresponde a las características de la personalidad y a las relaciones intersubjetivas que remiten a la esfera privada, de lo que pertenece de lleno a las restricciones ejercidas por la organización del trabajo y a los vínculos sociales en la etiología de la descompensación?

Los datos clínicos sugieren que el vínculo subjetivo con el trabajo interviene en el advenimiento de descompensaciones psiquiátricas o somáticas cuando surgen contradicciones insolubles entre los dos modelos de involucramiento de la personalidad (esfera afectiva o familiar y esfera del trabajo) que remiten a la paradoja de la doble centralidad de lo sexual y del trabajo.

II / Entidades psicopatológicas vinculadas con el trabajo

 Preámbulo: principios del análisis etiológico
de las patologías mentales vinculadas
con el trabajo

Descompensaciones y "doble centralidad"

En el campo de la psiquiatría y de la psicopatología, las descompensaciones psicopatológicas vinculadas con el trabajo siguen siendo abordadas esencialmente en el ángulo de las vulnerabilidades individuales que se expresan en el contexto de una situación social particular: el trabajo. Por otro lado, utilizar a la investigación etiológica para precisar el rol que le compete al trabajo en la descompensación resulta difícil, en la medida en que muchas veces, no existe ningún signo en la sintomatología que llame la atención del médico clínico hacia el trabajo. En efecto, la forma semiológica de la descompensación (depresión, delirio, crisis somática...) no depende de las obligaciones del trabajo, a pesar de que estén en el origen de la crisis psicopatológica del sujeto. Pero la forma de la descompensación depende de la estructura psicopatológica del sujeto, de manera que si la investigación sólo concierne a los trastornos independientemente de su contexto, es imposible encontrar los rastros de la organización del trabajo. La forma clínica de la descompensación vinculada a una situación de trabajo patógena es entonces en parte dependiente de la organización psicopatológica subyacente.

La clínica del trabajo demuestra igualmente que es imposible comprender la aparición de una patología mental vinculada con el trabajo limitando la investigación etiológica a la historia particular y la dinámica intrapsíquica. Las descompensaciones están determinadas por las condiciones sociales y por la organización del trabajo, lo que conduce a desplazar los principios de la práctica en psicopatología clínica basados sobre la etiología estructural. Entre las obligaciones materiales y la descompensación se intercala todo el espesor del funcionamiento psíquico del sujeto y, en particular, los procesos defensivos individuales, así como las defensas colectivas elaboradas en el marco del trabajo. En otros términos, el análisis clínico del sufrimiento debe abarcar no solamente los modos de resolución de los conflictos intrapsíquicos mediante los destinos de la sexualidad infantil, sino también su devenir en los vínculos sociales de trabajo.

Los vínculos entre funcionamiento psíquico y campo social no se articulan de manera directa, sino que están siempre mediatizados por el encuentro con lo real movilizado por el trabajo. Las significaciones acordadas por el sujeto a la realidad social dependen de la historia individual, a partir de los vínculos de ambigüedad y de analogía entre la realidad intrapsíquica y la situación de trabajo. Al privilegiar un análisis que busca determinar los procesos subjetivos involucrados en la génesis de los trastornos, es posible demostrar que el trabajo juega un rol mayor en el desencadenamiento de la descompensación, y no solamente en función de un factor contingente.

Descompensación y análisis etiológico

En el plano de la práctica clínica, la dificultad principal que se le presenta al médico clínico es lograr distinguir lo que le corresponde al trabajo de lo que es del orden de la economía psíquica individual y de la esfera privada en la etiología de la descompensación. Esta no depende únicamente de la restricción patógena vinculada con la situación de trabajo, sino también del desborde de los recursos defensivos. La tesis de la centralidad del trabajo (*cf.* Parte I) revela que la separación entre trabajo y fuera-del-trabajo no es operante para la vida psíquica; y que la desestabilización de las defensas en el trabajo puede debilitar la economía afectiva y familiar, e inversamente. La desestabilización del vínculo subjetivo en el trabajo bajo el efecto de la sobrecarga, del aumento de las restricciones, del miedo al despido, de la confrontación con la injusticia tiene repercusiones sobre la economía psicosomática del sujeto, pero igualmente sobre la dinámica de las relaciones familiares que organiza el espacio privado. La descompensación puede desencadenarse cuando se pone en duda la articulación que existe entre la economía erótica y familiar y las exigencias defensivas del trabajo.

El procedimiento para elucidar las causas de las descompensaciones en psicopatología y psicodinámica del trabajo ha puesto en evidencia también, paralelamente al derrumbe de los recursos defensivos, ciertas dimensiones que conciernen a las repercusiones de introducir masivamente los métodos propios de las ciencias de la gestión en el vínculo subjetivo en el trabajo.

Evaluación del trabajo y salud mental

La evaluación individualizada (del tiempo de trabajo, de los rendimientos, de las competencias) se basa sobre una medida cuantitativa y objetiva de los resultados del trabajo. Sin embargo, lo esencial del "trabajar" que moviliza la subjetividad no pertenece al mundo visible y escapa así a los procedimientos de evaluación (C. Dejours, 2003). En otros términos, los métodos de evaluación objetiva y cuantitativa del trabajo ostentan un desconocimiento de la dimensión subversiva de la inteligencia en el trabajo, que apunta a zanjar el desfasaje entre lo prescrito y las prácticas reales. Las herramientas de gestión y la evaluación individualizada del trabajo ocultan también toda la dinámica de la cooperación que depende de la formación de una voluntad colectiva para contribuir a construir y estabilizar las condiciones del vivir-juntos. El tiempo de trabajo objetivo (poïésis) no tiene entonces ningún vínculo de proporción con el trabajo subjetivo (Arbeit): la evaluación de los resultados contribuye así a generar confusiones y a acentuar el sentimiento de injusticia cuando está acoplada a gratificaciones y/o sanciones.

La evaluación representa un eslabón intermediario importante en el análisis de las desestabilizaciones del vínculo subjetivo con el trabajo, que se traducen por un aumento de los trastornos psicopatológicos. La degradación del sentido del trabajo, consecutivo de las defensas implementadas para luchar contra los efectos nocivos de la evaluación, juega un rol central en este proceso. Para satisfacer los criterios de la evaluación, la mayoría de los sujetos son llevados a movilizar su energía en las prácticas de reporting de la actividad y de la supervisión de los rendimientos realizados por los otros, incluso con el riesgo de ceder respecto de la calidad del trabajo propio. El involucramiento en un trabajo que se reduce el trabajo cuantitativo perturba la dinámica del vínculo subjetivo con el trabajo: al aportar su contribución a un trabajo "hecho a las apuradas", a un trabajo sin calidad, el involucramiento subjetivo en la actividad incide en el narcisismo y corre el riesgo de mutarse en desprecio hacia la propia persona, incluso en odio hacia sí mismo. La pérdida del involucramiento y la renuncia a la implicación en el trabajo son los primeros indicadores de la imposibilidad de conservar una coherencia entre el involucramiento subjetivo y la tarea a realizar. Cuando esta situación penosa persiste, aparecen luego la decepción y la resignación respecto del trabajo de calidad y de oficio, lo cual conlleva un fuerte riesgo de depresión.

Sin embargo, la evaluación del trabajo sigue siendo un objetivo legítimo para reconocer, por una parte, la contribución, en términos de utilidad y de calidad, brindada por aquellos que trabajan y también para contribuir a revelar lo que caracteriza a las actividades y a las capacidades. La clínica del trabajo contribuye a repensar los principios de una evaluación racional del trabajo, en particular en el campo de la salud, con el fin de renovar los términos del debate que inciden en particular sobre la evaluación de las prácticas y de las psicoterapias.

La presentación que sigue a continuación expone de manera general las problemáticas psicopatológicas vinculadas a las nuevas formas de organización del trabajo y plantea ciertas hipótesis etiológicas, pero no reemplaza el trabajo de investigación clínica de cada situación en particular para aclarar las restricciones que hayan conducido a la descompensación.

9 / Entidades psicopatológicas vinculadas al trabajo

Las entidades psicopatológicas vinculadas a las nuevas formas de organización del trabajo se caracterizan por diferentes manifestaciones sintomatológicas que pueden agruparse esquemáticamente en dos apartados:

- las patologías de la soledad, por un lado;
- las patologías de la servidumbre, por otro lado.

Las *patologías de la soledad* tienen como común denominador el aislamiento y la corrosión de los recursos defensivos colectivos contra los efectos patógenos del sufrimiento y de las obligaciones del trabajo. Estas formas de patologías surgen esencialmente como una consecuencia de la desestabilización del vínculo con el trabajo debido a la introducción de métodos de *management*, junto con los métodos de evaluación objetiva y cuantitativa de los rendimientos.

Las patologías de la servidumbre describen las situaciones patógenas vinculadas al trabajo en las actividades de servicio que agrupan a sectores variados de actividad (cuidados de la salud, trabajo social, educación, asistencia técnica, comercio, hotelería, restauración, comunicación, transportes, etc.). Para los médicos clínicos del trabajo, el objetivo es poner de manifiesto las implicaciones psicopatológicas de la "relación de servicio", en el contexto de métodos de organización estructurados por la organización de la producción *just in time* (JIT) y a la flexibilidad (cajeras, teleoperadores, restauración, servicios administrativos, etc), precisando al mismo tiempo lo que resulta, justamente, de la movilización intersubjetiva con el cliente o el usuario. La mayoría de las situaciones profesionales específicas de las actividades de servicio requieren un esfuerzo por parte del trabajador para moldear sus emociones, y conllevan un riesgo de confusión entre las esferas profesional y privada. La cuestión de la servidumbre se presenta como una cuestión fundamental para comprender los "compromisos" en la organización, que generan formas específicas de sufrimiento (sufrimiento ético), "compromisos" concedidos en nombre de la eficacia del trabajo y que se revelan particularmente arriesgadas en el plano psicopatológico. Las investigaciones sobre el trabajo doméstico, el trabajo de los profesionales de los servicios a la persona, y más generalmente sobre el *care,* abren pistas de investigación importantes para los médicos clínicos, que les permiten abordar los fundamentos psíquicos de la relación de servicio. El análisis de los vínculos entre actividad de servicio y salud mental requiere entonces la consideración de nuevas formas de dominación y de explotación del trabajo, pero también cierta consideración de las relaciones de género, debido a las modalidades defensivas diferenciadas frente al sufrimiento y la vulnerabilidad (*cf.* Parte I).

En el campo de la psicopatología del trabajo, el médico clínico puede verse llevado a encontrar muchas de las entidades sintomatológicas que se dan en la práctica clínica en psiquiatría y en psicopatología, y cuyas principales variantes se presentan a continuación.

Trastornos del humor

En las encuestas epidemiológicas, la salud mental es considerada por lo general en términos de sintomatología depresiva y/o ansiosa a partir de datos proporcionados por autocuestionarios, o bien mediante entrevistas estructuradas de diagnóstico. Los estudios epidemiológicos demuestran que entre el 5 y el 15 % de la población francesa se vería afectada por un episodio depresivo en el transcurso del año. En la mayoría de los casos, los vínculos entre depresión y trabajo son identificados a partir de las consecuencias de la sintomatología depresiva, que conlleva un cese de la actividad profesional más o menos larga (34,5% de la población, según el *Baromètre Santé* 2005). Las depresiones vinculadas con el trabajo se estiman en el orden del 11% en la población activa. Si bien la depresión involucra a todas las categorías socioprofesionales, la frecuencia de los síntomas depresivos aumenta en el caso de los trabajadores precarios y de los desempleados (24%) (Étude de l'InVS, 2007). Los ejecutivos y las profesiones intelectuales superiores se verían menos afectados que los obreros, los empleados y los agricultores.

CLÍNICA

En el cuadro clínico de los trastornos depresivos se manifiesta la tríada sintomática que asocia:

* humor depresivo (ideas negras, desvalorización, sentimiento de culpabilidad);
* inhibición o disminución psicomotriz (disminución del interés o del placer en realizar actividades, fatiga, pérdida de energía, dificultades de concentración);
* signos somáticos (trastornos del sueño y del apetito, dolores físicos difusos).

El cuadro clínico ansioso-depresivo, que asocia signos clínicos característicos de la depresión y manifestaciones ansiosas vinculados a los contenidos de trabajo, sería el más frecuente.

La expresión sintomatológica puede ser de intensidad variable según los suje-tos, justificando en los casos más severos un cese de trabajo prolongado, o incluso una notificación de inaptitud.

El síndrome depresivo puede presentarse de manera aislada, desencadenarse en el marco de situaciones de acoso moral (cf § Patologías del acoso), o bien anteceder a una tentativa de suicidio (*cf.* § Suicidios y tentativas de suicidio).

Pueden también observarse ciertos episodios maniáticos (M.P. Guiho-Bailly, D. Guillet, 2005). Su aparición brutal se caracteriza por:

- un estado de exaltación emocional;
- euforia;
- hiperactividad improductiva;
- dispersión de ideas;
- trastornos del comportamiento (familiaridades inadecuadas, iniciativas riesgosas, inversiones azarosas, proyectos grandiosos, etc.).

Los vínculos entre factores profesionales y sintomatología depresiva han sido puestos de manifiesto por estudios epidemiológicos, en particular realizados con asalariados subcontratados (G. Doniol-Shaw et al., 2000): restricciones horarias, tareas físicamente penosas, ritmos impuestos y también degradación de las rela-ciones con los colegas y la jerarquía, son todas imposiciones organizacionales que pesan sobre la salud mental de los asalariados. Con referencia al modelo del estrés de Karasek, las situaciones de trabajo que se caracterizan por expectativas o exi-gencias importantes (*high job demand*) asociadas a un débil control (*job control*) están correlacionadas con trastornos depresivos importantes (R. Rau et al., 2010).

Frente al aumento de los problemas de sufrimiento en el trabajo relevados por los médicos laborales, el reconocimiento médico y jurídico de las depresio-nes –que pueden ser reconocidas como "accidentes de trabajo"– cuando ante-ceden a casos de suicidios de asalariados, es actualmente objeto de debate a propósito de la creación de cuadros de enfermedades profesionales relacionados específicamente con las psicopatologías.

ANÁLISIS

Si bien es frecuente asociar la aparición de las depresiones al enfoque descrip-tivo del estrés en el trabajo (I. Niedhammer, M. Goldberg, A. Leclerc, 1998; C. Tennant, 2001; J. Wang, 2005; R. Rau, K. Morling, U. Rösler, 2010), el enfoque clínico pone el acento sobre la inversión subjetiva en el trabajo y el contexto que preside el desencadenamiento de la sintomatología depresiva. Las correla-ciones entre depresión y trabajo relevadas por las encuestas epidemiológicas no permiten defender un factor causal único y directo que determine la aparición de síntomas depresivos vinculados al trabajo. La expresión "depresión profe-sional por reacción" ha sido propuesta para designar la aparición de una pato-logía depresiva vinculada con las obligaciones organizacionales y sociales del trabajo (D. Huez, 2003). Mientras que la aparición de trastornos depresivos en el marco de la pérdida de empleo es frecuente y clínicamente identificada (cf § Psicopatología del desempleo), la depresión en el caso de los "activos", aunque mencionada a menudo, no es objeto de estudios clínicos específicos. La exploración de la situación particular de los "congelados" (*placardisés*[1]*)* (D. Lhuilier, 2002) contribuyó a revelar que el hecho de mantenerse dentro de la empresa, privado de medios materiales (teléfono, computadora, escritorio...), aislado en un subsuelo o en el fondo de un pasillo, ignorado por los colegas y la jerarquía, etc. conlleva perjuicios narcisistas y a la autoestima que preceden a la aparición de una sintomatología depresiva a veces asociada a trastornos somáticos.

De manera más general, el aumento de las imposiciones que resultan de las transformaciones estructurales en pos de reestructuraciones, fusiones o incluso del recurso a la subcontratación, está acompañado de métodos específicos (flexibilidad, calidad total, evaluación individualizada de los rendimientos) que modifican en profundidad la organización del trabajo y contribuyen a aumentar las separaciones entre el trabajo prescripto y la actividad real. Sin embargo, no es únicamente la separación entre las prescripciones y la actividad lo que vuelve al sujeto vulnerable a la depresión, en la medida en que esta separación es lo que constituye la esencia del "trabajar" y condiciona la movilización de la inteligencia en el trabajo. Pero la descompensación se desencadena cuando el celo, que está en el principio de la ingeniosidad en el trabajo y se despliega siempre al margen de los procedimientos (cf. Parte I), se ve obstaculizado por la confrontación con la negación de lo real del trabajo. Si bien los obstáculos opuestos al reconocimiento de lo real del trabajo han existido siempre[2], las formas modernas de organización del trabajo se caracterizan por la precarización inducida por la utilización de empleos precarios y subcontratación, flexibilización del empleo y por nuevas formas de organización del trabajo estructuradas con métodos y criterios formales de gestión. De esta manera, los trabajadores precarizados no son los únicos en manifestarse vulnerables a la depresión, sino el conjunto de los asalariados, para los cuales el miedo inducido por la amenaza del despido conduce a una negación del sufrimiento (el suyo propio como el de los demás), que genera el individualismo y la neutralización de la movilización colectiva contra el sufrimiento y la dominación. Las evoluciones del mundo del trabajo confrontan de manera específica a los sujetos con la experimentación de la soledad, que puede ser particularmente peligrosa en el plano psicopatológico. Las investigaciones clínicas ponen de manifiesto que, para soportar el sufrimiento, los sujetos se ven llevados a movilizar estrategias individuales de defensa, como la represión pulsional o incluso la racionalización, caracterizada por una justificación de las

---

1   Desplazados de sus funciones y relegados a tareas pasivas, evitando su contacto con los clientes y usuarios (Nota de la T.)

2   *Cf.* las descripciones que conciernen al trabajo repetitivo con restricciones de horario y los principios de Taylor.

   Christophe Dejours e Isabelle Gernet / PSICOPATOLOGIA DEL TRABAJO

conductas en función de la razón económica. Las contradicciones que surgen entre rentabilidad económica y calidad vuelven más difícil la ejecución del trabajo y deterioran el sentido concedido a la actividad. El recurso a la autonomía y a la responsabilidad individual en la gestión hace emerger la angustia de no poder estar a la altura de los acontecimientos, de no comprender la complejidad de los "indicadores" retenidos para evaluar la actividad, lo que puede manifestarse por un "sentimiento de incompetencia ansiógena" (A. Flottes, P. Molinier, 1999). La hiperactividad, que puede funcionar como una defensa, antecede muchas veces al desencadenamiento de la sintomatología depresiva y marca las tentativas del sujeto para saldar el conflicto entre las obligaciones de la situación de trabajo y las exigencias pulsionales. La severidad de los trastornos depresivos se corresponde generalmente con la desestabilización de la economía defensiva estructurada por el vínculo con el trabajo luego de resultados insuficientes, un incidente, "faltas" o "transgresiones" a las reglas, reveladores del contenido concreto del trabajo y que se presentan en total contradicción con las evaluaciones y las descripciones formales del trabajo.

Desde el punto de vista psicopatológico, la aparición de síntomas depresivos vinculados con el trabajo corresponde a la categoría semiológica de las depresiones "psicógenas" desencadenadas por una situación actual. La reactividad depresiva se analiza generalmente como la consecuencia de un traumatismo afectivo que reactiva conflictos inconscientes (T. Lemperière et al., 1997). La situación depresiva representa una modalidad específica de elaboración psíquica de la pérdida, de la que el duelo es una de sus modalidades más clásicas (S. Freud, 1915). En la perspectiva psicodinámica, la sintomatología depresiva puede analizarse a la luz del fragilización de la dinámica del reconocimiento (*cf.* Parte I), cuyos procesos contribuyen a la conquista de la identidad individual, al organizar el sentimiento de pertenencia a un colectivo y brindándole valor a la contribución particular aportada por el sujeto. La problemática de la pérdida, característica de la depresión, contribuye en este caso a revelar la crisis de la identidad consecutiva a la desestabilización del vínculo subjetivo con el trabajo, que se pone de manifiesto mediante la aparición de síntomas depresivos. La mayor parte de las depresiones vinculadas con el trabajo se caracterizan en efecto por la intensidad de los sentimientos de inferioridad y de culpabilidad: sentimiento de "no servir para nada", de no estar más a la altura, de verse "sobrepasado", etc. El conflicto entre las instancias psíquicas del Yo y del Superyo, que están en el origen del sentimiento de culpabilidad, es el indicador de la desestabilización de las implicaciones sublimatorias comprometidas en el vínculo con el trabajo.

Los compromisos establecidos entre los diferentes determinismos que pesan sobre la construcción de la identidad resultan siempre de una conquista costosa para la economía psíquica. Cuando la situación de trabajo se degrada, la aparición de una sintomatología depresiva marca la obstaculización del compromiso subjetivo en el trabajo, y se traduce en una vivencia de inaptitud, de falta de dignidad y, en los casos más serios, de autoacusaciones delirantes. El hecho de dudar de uno mismo representa la expresión consciente de los conflictos de implicación que movilizan toda la dinámica intrapsíquica. La sintomatología depresiva marca la imposibilidad en la cual se encuentra el sujeto de discriminar lo que, en sus dificultades, proviene de él mismo y de su incompetencia, por un lado, de aquello que proviene de prescripciones contradictorias, inaplicables o de descalificaciones repetidas respecto de su contribución, por otra parte. En ausencia de consideración de los modos de involucramiento del trabajo, la pérdida narcisista que caracteriza las depresiones vinculadas con el trabajo puede orientar el diagnóstico psicopatológico hacia las patologías límites, y en casos más raros, hacia la melancolía, teniendo en cuenta la intensidad del derrumbe narcisista.

Ilustración clínica

El señor D. es un ingeniero de cincuenta años de edad que trabaja en una gran empresa especializada en la tecnología aeronáutica. Él mismo se describe como fuertemente involucrado en su trabajo y exigente, tanto consigo mismo como con sus colaboradores. Reconoce que su actividad profesional cumple un rol importante en su equilibrio personal, pero que vive con el riesgo siempre presente de verse "desbordado". Atribuye este compromiso con el trabajo a una herencia de su historia familiar, en la cual los hombres de la familia han sido todos llevados a ocupar puestos de responsabilidades importantes al servicio de la defensa y de la seguridad del territorio, o de la experticia en las nuevas tecnologías. Hace algunos meses, tuvo una licencia médica por depresión, luego de la interrupción de un proyecto en el cual una parte de los trabajadores de la empresa se habían involucrado durante varios años. Menciona la manera en que este proyecto, que apuntaba a la concepción de una herramienta técnica innovadora, había suscitado el entusiasmo en el seno de la empresa: se habían concedido medios financieros importantes y gran parte de los trabajadores habían sido convocados. El señor D. trabaja sin descanso para este proyecto, renuncia a sus vacaciones, trabaja los días domingo junto con sus colegas, lo que va generando progresivamente tensiones con su mujer y el resto de su familia. El proyecto se detiene finalmente antes de su culminación, por razones de presupuesto y por una reorganización de las prioridades en un contexto de control de los costos que suscitan incomprensión de los trabajadores. El señor D. describe entonces el escenario que conduce al "duelo" que va a desencadenar el ingreso en la depresión: al estar el proyecto "parado", se depositan delante de las oficinas unos enormes canastos, que ofician de cestos de basura, en los cuales todos los documentos relativos al proyecto deben ser "tirados". Nada de lo que se estudió y realizó será retomado en otro momento, ni capitalizado para proyectos futuros. Todos los esfuerzos dedicados, las renuncias realizadas le parecen ahora inútiles al ver el resultado del trabajo y se hunde en los movimientos depresivos de desinvolucramiento: remordimientos, tristeza, inquietud por el porvenir y sensación de desvalorización impregnan de ahora en más la vida del señor D.

Christophe Dejours e Isabelle Gernet / PSICOPATOLOGIA DEL TRABAJO

Psicosis vinculadas al trabajo

Las descompensaciones psicóticas son raras y afectan a menos del 1% de la población activa.

La aparición de trastornos psicóticos impide el mantenimiento de una integración socioprofesional, debido a las alteraciones de los procesos de pensamiento y de las distorsiones del vínculo con la realidad que obstaculizan la actividad del trabajo, las relaciones con los colegas y la jerarquía.

CLÍNICA

En el plano etiológico, la aparición de trastornos psicóticos en situación de trabajo se considera la consecuencia de afecciones neurológicas (siendo las más frecuentes las epilepsias y las demencias degenerativas) o algunas enfermedades más generales como la encefalopatía hepática, la hipercalcemia, o trastornos endocrinos. El rol de los agentes químicos (plomo, mercurio, arsénico, sulfato de carbono, solventes por ejemplo) puede igualmente provocar el desencadenamiento de trastornos de índole psicótico en los asalariados que se ven expuestos a ellos.

El análisis psicopatológico contribuye por su parte a poner de manifiesto los fundamentos psicológicos que preexisten a la aparición de una sintomatología delirante.

Los trastornos psicóticos adquieren la forma de descompensaciones psicóticas agudas, como arrebatos delirantes agudos. La temática delirante generalmente es de tipo persecutoria (perjuicio sufrido, robo, amenaza por su vida…) asociada a mecanismos interpretativos y alucinatorios. La temática profesional no siempre está presente en la construcción delirante.

En algunos casos, el ataque del vínculo con la realidad puede manifestarse por trastornos agudos del humor (acceso de melancolía y acceso maniático [cf. § Trastornos del humor]).

La resolución del episodio psicótico, cuando es aislado, puede acompañarse con la reanudación del trabajo o del mantenimiento de una actividad en un medio habitual. En el caso de una evolución crónica de la sintomatología psicótica pueden proponerse ciertos acondicionamientos del puesto de trabajo, una recategorización profesional o declarar una incapacidad por trastornos mentales y del comportamiento, que lleven hacia una orientación en un entorno protegido (readaptación).

ANÁLISIS

Los procesos psíquicos que contribuyen al desencadenamiento de un episodio psicótico agudo se despliegan casi siempre en el contexto de una inquietud fundamental sobre su futuro en la empresa luego de conflictos con la jerarquía y/o los colegas de trabajo, respecto de valores de la profesión, de los objetivos del trabajo o de criterios referidos a la calidad del trabajo. A estos conflictos vivenciados por el sujeto se le oponen las denegaciones, un silencio o una indiferencia por parte del *management* y los colegas, induciéndolo a una vivencia angustiante de incertidumbre, de duda y de soledad. Esta situación puede llevarlo a adoptar una "postura paranoica" debido a la movilización de los recursos psíquicos que solicitan de manera electiva los procesos de pensamiento y la actividad de juicio: hipervigilancia, desconfianza, hipertofia del proceder lógico, recorte de las fuentes de información, verificaciones, etc. (M.P. Guiho-Bailly, D. Guillet, 2003). El proceso delirante se inscribe como una solución crítica elaborada por el sujeto para mantener el vínculo con la realidad y pensar la situación paradojal en la que se encuentra.

En algunos casos, la desestabilización de la identidad que se manifiesta por la crisis delirante, resulta de un conflicto insoluble entre las obligaciones del trabajo y los involucramientos afectivos correspondientes a la intimidad y a la esfera privada (A. Bensaïd, 1990/2010). Las dificultades, o incluso la imposibilidad de participar en estrategias de defensa del colectivo de trabajo, que se producen luego de ciertos reacomodamientos familiares y/o de transformaciones de las obligaciones del trabajo (nueva jerarquía, mutación, reorganización de la actividad, etc.) conllevan una exclusión progresiva de este colectivo. La soledad que resulta de ello se revela particularmente peligrosa en el plano psíquico, ya que conduce a tener que asumir en soledad los riesgos vinculados con la actividad. Lo real del trabajo (riesgo de muerte, de heridas, de enfermedad…), susceptible de desencadenar la angustia, y que era neutralizado por las construcciones defensivas del colectivo de trabajo, vuelve entonces mediante la construcción delirante.

En otros casos, la investigación clínica de la crisis piscopatológica revela la imposibilidad, para el sujeto, de procesar psíquicamente los afectos suscitados por la situación de trabajo y la realización de actividades que se presentan como contradictorias con los valores y el sentido moral (L. Gaignard, 2008). La confrontación repetida con las distorsiones de la realidad que caracterizan la actividad (proyectos fraudulentos, mentiras respecto de la calidad, la fiabilidad o la seguridad de herramientas o de instalaciones…) repercute de manera electiva sobre los procesos de pensamiento que tienen por función sostener el vínculo con la realidad. El *impasse* psicológico que resulta de la imposibilidad para el sujeto de mantener durablemente la negación de la realidad se traduce por una reconstrucción delirante que marca la tentativa de mantener una coherencia entre las exigencias de la realidad psíquica y las obligaciones materiales de la situación de trabajo.

Ilustración clínica

El señor S. (A. Bensaïd, 2010) es un obrero de la construcción de cuarenta años de edad, recibido en el servicio de emergencias de un hospital general por una sintomatología delirante de tipo persecutorio que evoluciona desde hace tres meses. Presenta ciertas ideas de referencia: sensación de ser seguido y observado, convicción de que lo vigilan y hablan de él a sus espaldas. Están presentes también alucinaciones acústico-verbales, en las cuales voces masculinas lo insultan, lo tratan de cobarde, insultan a su mujer y lo incitan a divorciarse. Los trastornos se desencadenaron tres meses antes, luego de un accidente de trabajo. El señor S. se cayó de un andamio, pero alcanzó a aferrarse a un balcón, con lo cual no sufrió ningún daño corporal. Una semana más tarde –el señor S. no quiso tomarse una licencia de trabajo– aparecieron trastornos del sueño, con pesadillas que repetían la escena de la caída, un aumento progresivo de la angustia, de la irritabilidad y de las ideas de referencia. La investigación clínica permitió resituar la descompensación del señor S. en un contexto profesional y familiar particular. Desde su partida de Marruecos y su llegada a Francia a la edad de 22 años, siempre trabajó en la misma empresa y aprendió su profesión trabajando con pintores profesionales de la construcción. Vivió primero en una pensión para trabajadores, la cual dejó luego para instalarse en un departamento con su mujer y sus tres hijos que llegaron a Francia para reunirse con él, hace ya un año. En el transcurso de ese período, se producirán también cambios en la organización del trabajo, instalando progresivamente una transformación de las obligaciones de trabajo para el señor S. y sus colegas. Se trata del hijo del patrón, que retoma la empresa e instaura un aumento en los ritmos de trabajo asociado a una afectación en las obras de construcción (interior, exterior) sin tomar cuenta la calificación de los obreros. El buen entendimiento que existía con anterioridad entre los obreros desaparece, dejando lugar a la desconfianza y la sospecha entre colegas para saber quién es el que denuncia los brindis y las prácticas de consumo de alcohol entre los compañeros, en el transcurso de los cuales se da el encuentro para "hablar de trabajo". La implicación de su vida familiar, ahora físicamente cerca suyo, es importante a sus ojos y lo conduce a ausentarse de los momentos de reencuentro entre colegas. Se encuentra confrontado con un aislamiento progresivo del colectivo de trabajo, colectivo ya desestabilizado por los cambios de organización del trabajo. La crisis psíquica consecutiva al accidente revela el fracaso de los procesos defensivos frente al riesgo mortal: el señor S. ya no puede recurrir a la ideología defensiva viril que estructuraba al colectivo de trabajo (chistes, conductas desafiantes y de bravuconadas frente al riesgo, consumo de alcohol entre "amigos"), que lo protegían del miedo y le permitían defenderse contra el sufrimiento generado por la actividad de trabajo riesgosa. Las alucinaciones (voces de hombres) lo incitan a divorciarse, como una tentativa de saldar las dificultades psicológicas provenientes del conflicto entre las exigencias defensivas estructuradas por las conductas viriles que niegan el miedo y la vulnerabilidad del cuerpo por una parte, y el compromiso afectivo con su mujer y sus hijos que lo conduce a cuidar de ellos, por otra parte. El episodio psicótico surge como resultante de la solicitud simultánea de registros afectivos habitualmente separados por las operaciones defensivas: el señor S. no logra mostrarse tierno y considerado y simultáneamente oponer una negación al sufrimiento.

La elaboración psíquica de la contradicción existente entre las obligaciones del trabajo y las implicaciones afectivas de su vida privada fue posible en el transcurso de un trabajo psicoterapéutico mediante un trabajo de interpretación de su situación actual y un cambio de puesto de trabajo, decidido por el propio señor S., conduciéndolo así a la desaparición completa de la sintomatología psicótica sin tratamiento neuroléptico.

Patologías postraumáticas y violencia en el trabajo

Patologías postraumáticas

Las patologías postraumáticas surgen como consecuencia de los accidentes y agresiones que afectan a los trabajadores en el ejercicio de su actividad profesional. Los accidentes de trabajo no designan una entidad clínica específica, sino que incluyen las heridas físicas así como las consecuencias psicopatológicas de los accidentes ocurridos "debido o durante el trabajo".

Si bien las patologías postraumáticas concernían en un comienzo a los empleados bancarios, víctimas de agresiones físicas y robos a mano armada, se asiste hoy a un aumento general de las poblaciones afectadas por estas patologías que incluyen a los docentes, los conductores de transportes públicos, las cajeras, los empleados de atención al cliente, los agentes de la ANPE (Agencia Nacional para el Empleo de Francia), del Trésor Public (servicio de recaudación de impuestos), los trabajadores sociales, los policías, etc.

La encuesta europea sobre las condiciones de trabajo pone de manifiesto un aumento del nivel de las violencias físicas (de 4 a 6 % entre 1995 y 2005). La encuesta SUMER 2002-2003 revela que del 70,9 % de asalariados franceses que ejercen una actividad profesional que los pone en contacto con el público, 22,2% declaran haber sufrido en el transcurso de los últimos doce meses una agresión verbal y 1,8% una agresión física. La preocupación de los poderes públicos por este fenómeno llevó a concretar un acuerdo-marco europeo sobre el acoso y la violencia en el año 2007, ratificado en Francia el 23 de julio 2010 por acuerdo ministerial.

     Christophe Dejours e Isabelle Gernet / PSICOPATOLOGIA DEL TRABAJO

Los síntomas de las patologías postraumáticas corresponden al cuadro de la neurosis traumática descrita por S. Freud (1920). Éste insiste sobre la dimensión económica del traumatismo y distingue el peligro vinculado con la reactivación de contenidos de la realidad psíquica de los acontecimientos que remiten a la realidad externa. En efecto, lo sexual es lo primero que reviste un carácter traumático para la tópica psíquica. En el caso de la neurosis traumática, el desencadenamiento de los trastornos está determinado por elementos actuales de la situación vivida por el sujeto y no por la reactivación de los conflictos vinculados con la sexualidad infantil.

Los trastornos comienzan sin período de latencia, inmediatamente después del accidente o de la agresión, y asocian:

- un estado permanente de angustia con su conjunto de signos somáticos (taquicardia, sudores, temblores…) ;
- una reviviscencia diurna del acontecimiento con pensamiento de carácter obsedantes;
- sueños traumáticos muchas veces seguidos de insomnios;
- irritabilidad;
- dificultades de concentración.

El conjunto de la vida familiar y profesional se ve alterada y el regreso al puesto de trabajo es siempre difícil, incluso a veces imposible, debido a la angustia que genera. La obsesión por una reincidencia del incidente se traduce en la persistencia de las reviviscencias a veces hasta varios meses luego de ocurrido. La evolución en el tiempo no depende de la gravedad de las circunstancias y del acontecimiento traumático.

Síndrome subjetivo postraumático o posconmocional

Los trastornos comienzan luego de un plazo (que puede ir de varias semanas a varios meses) y se caracterizan por:

- síntomas de índole somática (cefaleas, fatiga extrema, sensaciones de vértigo, dolores varios, parestesias…);
- pueden estar asociados el insomnio, la anorexia, la irritabilidad o trastornos del humor.

Existe una desproporción entre los trastornos funcionales que organizan la queja del paciente y las limitaciones físicas que resultan de lesiones e impactos corporales (traumatismo de cráneo, fracturas, heridas…) lo que puede conducir a diagnosticar al paciente como un "simulador". Aunque los daños corporales hayan sido curados, la molestia funcional en la esfera neurológica y motriz persiste e impide que el trabajador retome su puesto.

Sinistrosis

El síndrome posconmocional se diferencia de la sinistrosis, la cual se caracteriza por la tendencia a exagerar el perjuicio consecutivo al accidente. El trabajador emprende un pedido de reparación que moviliza gran parte de su compromiso psíquico. Entre recurso y recurso, cuando el pedido de reparación no es satisfecho, el sujeto puede manifestarse querulante y entrar en un proceso paranoico.

Neurosis traumática

NB: la entidad clínica de la neurosis traumática tiende progresivamente a ser reemplazada, en las descripciones psiquiátricas contemporáneas, por el "estado de estrés postraumático" (o *Post-Traumatic Stress Disorder* según el acrónimo inglés).

La misma comienza luego de una fase de latencia que sigue al accidente o a la agresión y se caracteriza por la tríada:

- síndrome de repetición (reviviscencia del acontecimiento traumático, períodos sensibles en los momentos de aniversario, sueños traumáticos y recuerdos recurrentes);
- síndrome de estado hiperalerta: (irritabilidad particular, pérdida de la capacidad de concentración);
- síndrome del evitador (evitación del estímulo vinculado con el acontecimiento).

Las alteraciones del estado psíquico conllevan generalmente una degradación de la inserción social y del vínculo con el trabajo.

ANÁLISIS

Trabajar con el riesgo de accidente forma parte de lo cotidiano para muchos trabajadores: peligro vinculado con las caídas en el sector de la construcción, manipulación de sustancias peligrosas en la industria química, accidentes de tránsito o con personas en los transportes públicos; son todas manifestaciones de lo real del trabajo (R. Foot, 2005). Los síntomas (psíquicos y somáticos), en tanto "retoños" del traumatismo, contribuyen a enmascarar lo que estuvo en el origen de las construcciones defensivas, a saber el miedo. Pero el accidente, como la agresión, cuestiona el sistema simbólico basado en el ocultamiento del peligro que organiza las construcciones defensivas. La reanudación del trabajo se revela desde ese momento particularmente difícil ya que no es más posible, para el sujeto, mantener la negación de lo real. Lo que era evacuado por el control simbólico y las contra-implicaciones operadas por las construcciones defensivas reaparece en el campo de la conciencia y genera angustia.

Si una parte de los trastornos corresponde directamente a las consecuencias del aumento de las agresiones y de la violencia, la investigación etiológica debe igualmente tomar en cuenta las restricciones organizacionales a las cuales están confrontados los trabajadores involucrados. Los agentes que cumplen tareas de recepción y de apoyo con el público se ven expuestos, no solamente a situaciones sociales "peligrosas" y "difíciles", sino que están también sometidos a exigencias de rentabilidad que los conducen a conductas incoherentes y a cometer discriminaciones o injusticias respecto de los usuarios.

En el sector de la energía y de las telecomunicaciones, cuyo mercado se ha abierto recientemente a la competencia, se les solicita a los agentes, antes involucrados en tareas de acceso a los bienes y servicios colectivos, "*facturar*" (P. Coupechoux, 2009). Mientras que antes podían ofrecer soluciones temporarias o períodos de financiación del pago a las personas que se encontraban en una situación de precariedad, ahora se les solicita facturar toda intervención, tratar de cobrar todo lo adeudado, realizar "ventas forzadas" de productos inútiles a usuarios perdidos por la segmentación de los mercados y vender contratos de abono.

A los funcionarios que se ocupan del servicio de inmigración, a quienes les compete la implementación de la política inmigratoria, se les pide que resuelvan la contradicción que resulta de una política represiva de la inmigración sin contravenir las normas internacionales respecto de la protección de aquellos que solicitan asilo. Se ven así llevados a "interpretar" de manera variable los textos de las leyes y las directivas ministeriales organizadas por la "lógica de lo difuso" (A. Spire, 2008), lo que genera incomprensión y agresividad en los usuarios.

Es por ello que el cuadro clínico de las patologías postraumáticas puede asociarse a manifestaciones clínicas como la culpabilidad, la amargura o sentimientos de incompetencia frente al fracaso en el conjuro de los incidentes y de la violencia.

Frente a las patologías postraumáticas, la clínica del trabajo sugiere entonces que la identificación de las repercusiones psíquicas del acontecimiento traumático es insuficiente y que la desestabilización de la economía defensiva vinculada con el trabajo ocupa un lugar específico en la descompensación.

Ilustración clínica

En las ONGs, los responsables están preocupados por la gestión del "estrés y del trauma" en los voluntarios que intervienen en situación de urgencia sobre el terreno (catástrofes naturales, guerras civiles y conflictos armados…), pero también luego de su regreso de las misiones. La participación en programas de reconstrucción, o en ayudas al desarrollo que se revelan a veces perjudiciales para algunas categorías de población e instauran discriminaciones entre los "beneficiarios", se manifiesta en contradicción con los valores que han presidido al compromiso humanitario (altruismo, compasión …) y genera sufrimiento (R. Brauman, 2002). La continuación del trabajo en situación de injusticia necesita el despliegue de estrategias colectivas de defensa que "izquierdizan"

---

el pensamiento y se apoyan en construcciones simbólicas que estigmatizan o descalifican a las poblaciones locales (como "países subdesarrollados", o "menos avanzados"), con el fin de mantener la negación de la realidad que provoca sufrimiento. El regreso de una misión demuestra ser un período particularmente "sensible" y propicio al desencadenamiento de trastornos pos-traumáticos en la medida en que coincide con la detención del recurso a la ideología colectiva. Aparecen en efecto trastornos de tipo depresivo, trastornos del sueño con reviviscencias nocturnas de los episodios críticos de las misiones, manifestaciones de ansiedad, dificultades de concentración, irritabilidad, pero también decepción, culpabilidad... Estas manifestaciones clínicas serían los indicadores del surgimiento de un trabajo de conflictualización de las mociones pulsionales que estaban hasta entonces encauzadas o contenidas por las construcciones simbólicas e ideológicas transmitidas por las estrategias colectivas de defensa (C. Demaegdt, 2006).

Trabajo y violencia

Ciertos *acting-out* violentos pueden producirse en el lugar de trabajo y asumen la forma de agresiones a colegas, a superiores jerárquicos (las "tomas de rehén" de los ejecutivos o dirigentes son la forma más mediática de las mismas), más raramente a los usuarios, o manifestarse bajo la forma de sabotaje de las instalaciones o de las máquinas (por ejemplo, el caso de los obreros que destruyen su herramienta de trabajo en el contexto del cierre de una fábrica). También pueden producirse agresiones entre colegas y a veces, contra los usuarios (maltrato de las personas ancianas, por ejemplo), lo que plantea la cuestión del lugar de la violencia en el ejercicio del trabajo. La parte que le corresponde al trabajo en la génesis de la violencia es muchas veces subestimada: las manifestaciones paroxísticas de la violencia están referidas a vulnerabilidades o características psicopatológicas individuales.

En algunos ambientes de trabajo que implican riesgos para la integridad corporal (sector de la construcción, policía, ejército, vigilancia de prisión, industria química, etc.) la violencia se banaliza al estar integrada en las estrategias colectivas de defensa. Estas construcciones defensivas se caracterizan por estar organizadas por los valores del coraje viril (cf. Parte I), que valorizan la capacidad para soportar el sufrimiento, pero autorizan también a infligir sufrimiento en el prójimo, incluso si esto requiere pasar por conductas violentas. La violencia viril se caracteriza como una construcción social al servicio de la dominación social de los hombres sobre otros hombres y de los hombres sobre las mujeres (cf. § Acoso sexual). Sin embargo, respecto del trabajo, la violencia ocupa también un lugar particular en el servicio de la preservación de la salud mental, de manera que su prevención necesita un análisis fino de los procesos psíquicos movilizados para conservar el vínculo con el trabajo que implica riesgos físicos mayores (accidentes, mutilaciones, enfermedades…) En otros términos, las manifestaciones de la sexualidad (sadismo, masoquismo, violencia) en el trabajo no son solamente movilizadas con fines de satisfacción inmediata de la economía pulsional, sino que están indexadas según las estrategias defensivas al servicio de la protección de la salud mental en el trabajo.

En psicoanálisis, los fundamentos psíquicos de la violencia residen en el poder de desvinculación de lo sexual. La tendencia de lo sexual es en efecto actuar abruptamente bajo la forma del exceso característico de la "pulsión sexual de muerte" (J. Laplanche, 1997). La pulsión que apunta a la búsqueda de excitación representa siempre una amenaza para la cohesión del Yo y la identidad. A esta excitación es conveniente oponer formas de vinculación para poder circunscribirla, y la sublimación representa la forma cardinal. La clínica del trabajo pone en evidencia que paralelamente a los fundamentos intrapsíquicos, la realización del proceso sublimatorio necesita de las condiciones sociales reunidas bajo la forma de la dinámica del reconocimiento (cf. Parte I). El conjuro de la violencia padecida o ejecutada está entonces determinado por vínculos intersubjetivos estructurados por la referencia al trabajo. La reacción paroxística que representa la emergencia de la violencia en situación de trabajo aparece principalmente como una consecuencia de los disfuncionamientos en la organización del trabajo que generan injusticia en un contexto de degradación de las solidaridades y del vivir-juntos (C. Dejours, 2007). Si no se discuten los límites impuestos por lo real del trabajo a la eficacia (actividad deóntica) y si no se reúnen las condiciones que permiten a los trabajadores de lograr una inteligibilidad común de la situación, entonces el riesgo de deriva traducida por el uso de la violencia es posible. En estas situaciones, las condiciones intersubjetivas que permiten conjurar la irrupción de la violencia se ven en efecto malogradas.

Ilustración clínica

La cuestión del maltrato y de la violencia hacia las personas ancianas es objeto de reflexiones y debates públicos, sobre todo a partir de la mediatización de situaciones de pacientes que vivían en establecimientos ruinosos y sufrían maltratos por parte del personal de cuidado. Acceder a la racionalidad de las conductas de cuidado de las personas permite un análisis diferencial y crítico de las formas de "maltrato" situadas en relación con lo real de la actividad de trabajo.

El análisis desde la entrada del trabajo permite hacer emerger los fundamentos colectivos de la violencia y los medios para conjurarla, en vez de los factores individuales referidos a características de la personalidad (tipo desviante, perverso, narcisista, agresivo, etc.). El personal de cuidado sanitario no se compone entonces de personas violentas o maltratadoras por naturaleza. Sino que el maltrato resulta de la obstaculización del celo y de la inteligencia desplegados por los trabajadores para hacerles frente a las carencias y disfuncionamientos de la organización prescrita y formal del trabajo de cuidado. Las encuestas realizadas en el sector geriátrico ponen de manifiesto que la emergencia de actos designados como maltratos siempre está asociada a la desestructuración del colectivo y al aislamiento de uno o varios de los trabajadores (A. Quaderi, 2004; I. Gernet, F. Chekroun, 2008; M. Litim, K. Kostulski, 2008; F. Bardot, 2009; S. Esaman, J. L. Nimis, P. Molinier, 2010; S. Ingwiller, P. Molinier, 2010). Cómo arbitrar las maneras de proceder para lograr hacer el trabajo en los tiempos impuestos, cómo decidir lo que vuelve tal práctica aceptable o no en función de las obligaciones del trabajo: dejar un enfermo residente desnudo en el baño por más de una hora mientras se avanza con la higiene de otros pacientes; lavar a un paciente a la fuerza y con abundante agua en la ducha a pesar de sus protestas; atarles las manos a la cama para vestirlos y evitar los golpes, obligarlos a comer para evitar el riesgo de desnutrición, todos estos son ejemplos entre muchos otros. Sin la referencia a la organización del trabajo y a la especificidad del trabajo de cuidados, estos comportamientos son fácilmente denunciables como maltratos violentos y referidos a faltas individuales de personal subalterno insuficientemente capacitado.

Queda así de manifiesto que estos elementos empíricos se encuentran en contradicción con los argumentos desarrollados por las gestiones de "calidad" de los establecimientos, que valorizan y prescriben la autonomía y la responsabilidad individual en el trabajo al difundir "guías de buenas prácticas". Estas gestiones de calidad respaldadas por la evaluación de los rendimientos de la institución se presentan objetivamente como herramientas de lucha contra el maltrato, pero contribuyen en realidad a esconder los fenómenos de "maltrato instituido" provenientes de la generalización de las prácticas de control del trabajo mediante ciertos procedimientos y criterios de gestión (P. Molinier, 2009). Esta gestión constante de evaluación justifica reorganizaciones repetidas de los modos de trabajo y de los equipos que se oponen a la función original del cuidado, involucra la relación según criterios de permanencia y de continuidad, y conduce a los profesionales a realizar actos y recurrir a maltratos para suplir la escasez de medios. En el trabajo de cuidados, la violencia aparece primero como la consecuencia de la instrumentalización de los cuerpos "de-subjetivados" y reducidos a sus necesidades fisiológicas. El análisis del trabajo conduce entonces a desplazar la cuestión de la génesis del "maltrato" y de la violencia con los pacientes. No es el cuidado en sí mismo el que cristaliza las dificultades, incluso cuando su ejercicio se revela particularmente penoso e ingrato, sino que son las condiciones organizacionales y sociales en las cuales se realiza.

          Christophe Dejours e Isabelle Gernet / PSICOPATOLOGIA DEL TRABAJO

Patologías del acoso

Entre las patologías del acoso, se distingue por lo general el acoso sexual del acoso moral.

Acoso sexual

Clínica

El acoso sexual puede tomar diferentes formas: insultos, chistes sexistas, pornografía en el lugar de trabajo, caricias forzadas, agresiones físicas.

No existe un estudio específico sobre la frecuencia de las situaciones de acoso sexual en el trabajo en Francia.

La encuesta cuantitativa sobre las violencias ejercidas sobre las mujeres (Enveff, 2000) resitúa al acoso sexual en el trabajo en el marco más general de las violencias hacia las mujeres en el trabajo. Se han determinado hechos, gestos, actos y situaciones o palabras susceptibles de provocar un perjuicio a la integridad física y moral del sujeto. El acoso sexual se caracteriza por imposiciones sexuales (D. Fougeyrollas-Schwebel et al., 2000):

- mediante gestos directos con contactos físicos de connotación sexual, relaciones sexuales por obligación, prácticas sexuales impuestas, caricias forzadas sufridas contra su voluntad;
- avances sexuales desagradables, propósitos obscenos, imágenes pornográficas impuestas,
- perjuicios verbales: gritos, insultos, palabras humillantes, amenazas, propósitos groseros.

Otra evaluación cuantitativa llevada a cabo en el año 2007 por un servicio de salud en el trabajo de Seine-Saint-Denis sobre violencias contra mujeres (1772 mujeres que ejercían tanto en el sector privado como en las colectividades territoriales) de este departamento revela que más de la mitad de las trabajadoras han sufrido un acoso de tipo sexual, del cual se distinguen cuatro categorías:

- acoso sexista (chistes, insultos, pornografía);
- acoso sexual (avances sexuales verbales, actitudes y gestos molestos);
- agresión sexual (abrazos sensuales, arrinconarla para besar, exhibicionismo, caricias sexuales);
- violación.

Veintidós por ciento de las mujeres que trabajan en este departamento se han confrontado con un acoso sexual (C. Thomassin et al, 2009).

La comprensión del acoso sexual en el trabajo no puede reducirse a un enfoque individual que pone en evidencia los lazos mantenidos entre el acosador y la persona acosada, sino que debe ser resituada en el contexto de la organización del trabajo y del mantenimiento de vínculos de dominación. En efecto, el acoso sexual independientemente de su finalidad individual, puede también cumplir una finalidad instrumental en la preservación de los vínculos jerárquicos y de poder en el mundo del trabajo, en favor de la dominación de los hombres sobre las mujeres.

Entre los factores que favorecen el empleo de la violencia en situación de trabajo, los resultados de la encuesta Enveff ponen de manifiesto que, para ambos sexos, en las profesiones marcadas por fuertes presiones de los clientes o usuarios, las tasas de violencia sexual hacia las mujeres son más elevadas (10% en las mujeres policías, gendarmes o agentes de seguridad) (E. Brown et al., 2002).

El análisis psicodinámico de las situaciones de trabajo revela que las prácticas discriminatorias (sexismo, racismo) remiten al registro de las defensas colectivas viriles, cuando se trata de protegerse del miedo combatiendo la vergüenza de "parecer una mujer" –porque no se es capaz de controlar las emociones– o de legitimar prácticas que generan desigualdades entre los usuarios o los clientes al plantear representaciones esencializantes (los extranjeros, las personas de "color") (L. Gaignard, 2006; O. Noël, 2006). La radicalización de las defensas viriles, en situación de trabajo, se acompaña siempre de modos de depreciación de lo "femenino", de la vulnerabilidad y del sufrimiento del otro.

En algunos casos, las prácticas de acoso sexual resultan de deslices de ciertas estrategias defensivas que tienden a banalizar la dimensión de la sexualidad en el marco de conductas profesionales basadas sobre la erotización de las relaciones. Este es el caso por ejemplo de las operadoras telefónicas que utilizan sus emociones en el registro de la seducción (V. Arnaudo, 2005), seducción movilizada al servicio de la persuasión del cliente, para evitar fracasos en sus metas de llamados y soportar la agresividad de los clientes.

Por otra parte, la clínica del trabajo conduce a cuestionar el proceso de sexualización defensiva del trabajo que puede tomar la forma del acoso sexual. El involucramiento erótico del compromiso entre el sufrimiento y las defensas es en efecto una de las soluciones písquicas que permite soportar las restricciones impuestas por el trabajo, e inclusive a veces encontrar allí una fuente de placer. En esta perspectiva, la restricción laboral está primero, y la erotización del sufrimiento se manifiesta en un segundo momento. La transformación del sufrimiento en gozo, que se hizo posible por intermedio del masoquismo o del sadismo "secundarios" a la actividad de trabajo, contribuye a proteger al sujeto del riesgo de descompensación. Algunas enfermeras de bloques operatorios aceptan por ejemplo juegos de seducción con los médicos cirujanos con los cuales trabajan (P. Molinier, 2006). En este contexto preciso de trabajo, la erotización del sufrimiento aparece como una solución que lleva a protegerse del sufrimiento generado por las restricciones de trabajo en particular respecto de la relación de subordinación a los médicos cirujanos que obliga a soportar comentarios y actitudes sexistas. La sexualización de las actividades de trabajo permite realizarlas y alcanzar los objetivos fijados a la vez que encontrar una vía de escape a la angustia y la excitación mediante una tentativa de relación posible por la erotización secundaria. Sin embargo, este análisis del rol defensivo de la inversión libidinal del sufrimiento no resuelve la cuestión del gozo experimentado frente al espectáculo del sufrimiento del otro.

Acoso moral

La definición del acoso moral ha sido propuesta en Francia por M.F. Hirigoyen. El acoso en el lugar de trabajo remite a "toda conducta abusiva que se manifiesta en particular por comportamientos, palabras, actos, gestos, escritos, que puedan ocasionar perjuicios a la persona, a la dignidad o a la integridad física o psíquica, al poner en peligro su empleo o degradar el clima de trabajo (M. F. Hirigoyen, 1998)".

La dinámica conflictiva, que caracteriza al acoso, se designa también con el término de *mobbing*. El *mobbing* está conformado por prácticas hostiles "que, tomadas de manera aislada, podrían parecer anodinas, pero cuya repetición constante tiene efectos perniciosos" (H. Leymann, 1996). En una perspectiva psicosocial, Leymann propuso una lista de cuarenta y cinco tipos de prácticas características del acoso moral, así como de factores de resistencia al proceso de acoso que dependen del lugar ocupado por el sujeto víctima del acoso, en sus relaciones y en su entorno profesional.

La frecuencia de las descompensaciones en respuesta al acoso moral en el mundo del trabajo estaría en aumento y no afectaría ya solamente a las mujeres, los empleados y los obreros, sino también a los ejecutivos.

La encuesta europea sobre las condiciones de trabajo (Fundación de Dublin) realizada en el transcurso del año 1999, estima que 9% de los asalariados han sido objeto de intimidaciones en su lugar de trabajo.

Un estudio retrospectivo utilizando un cuestionario, llevado a cabo por la inspección médica e implementada en médicos de la región Provenza-Alpes-Costa Azul (PACA) puso en evidencia que todos los sectores profesionales han sido afectados, aunque con una frecuencia más importante en el comercio (29,9%), los servicios (20%), la salud y las actividades sociales (18,8%). El predominio femenino de las personas involucradas como víctimas es marcado (73,31%), aunque esta cifra deba ser matizada teniendo en cuenta la distribución de los sexos según categorías profesionales (cuando los sectores involucrados están más "feminizados") (J. Chiaroni, 2001).

En la fase de descompensación, el cuadro clínico se caracteriza por:

* ansiedad,
* depresión,
* trastornos del sueño, pesadillas;
* aburrimiento;
* toma de medicamentos, alcohol o psicotrópicos;
* estado de fatiga;
* hipervigilancia e hiperactividad en el trabajo;
* repliegue sobre sí mismo, pérdida de la autoestima.
* perjuicios somáticos, trastornos en la esfera ginecológica.

En la práctica, el cuadro clínico de los pacientes que consultan por casos de acoso moral puede tomar la forma de síndromes depresivos o confusionales, y a veces de síndromes de persecución. En otros casos, puede ser la desorganización psicosomática la que esté en primer plano.

La situación del acoso está correlacionada con ciertas modificaciones de las condiciones y de la organización del trabajo, las más frecuentes son las siguientes:

* sobrecarga de trabajo y sobre-inversión de tiempo en el trabajo;
* nuevos métodos de *management*;
* llegada de un nuevo superior jerárquico;
* restructuración del servicio;
* fusión o compra de la empresa;
* deslocalización geográfica y/o estratégicas.

Ciertas prácticas discriminatorias en la empresa o de acoso hacia colegas preexisten muchas veces al proceso del acoso de un asalariado (M. Pezé, C. de Gasparo, 2003).

Las prácticas que organizan el acoso toman la forma de amenazas verbales, críticas sistemáticas del trabajo, prácticas de control de las conversaciones con los colegas, insultos públicos, órdenes de ejecutar tareas descalificadoras, objetivos irrealizables, la privación del material necesario para la ejecución de tareas, etc.

Análisis

Los análisis psicopatológicos que trasladan la investigación de la violencia "privada" al mundo de la empresa ponen el acento sobre la relación circular que se establece entre el acosador, que presenta una organización psicopatológica del tipo "perverso narcisista" y una "víctima" acosada (M.F. Hirigoyen, 1998). Cuando el contexto profesional se caracteriza por ciertas prácticas de *management* (amenaza, puesta en concurrencia) seria propicio a la implementación del acoso moral en el seno del cual la influencia juega un rol central. Recordemos que para Freud, la "pulsión de dominio" es una pulsión parcial, que sostiene la actividad por intermedio de la musculatura (1905) y apunta a la apropiación violenta de un objeto externo. La pulsión de dominio, puesta al servicio de la pulsión sexual, desemboca en el sadismo que tiene un lugar importante en la vida sexual normal, igual que el componente masoquista.

Es el ataque de la integridad narcisista del otro lo que caracteriza las modalidades de relación de objeto establecidas por el perverso narcisista, bajo la influencia de su "ello grandioso" (A. Eiguer, 1996). La neutralización del deseo consecutivo a la relación de dominio favorecería "la adhesión" pasiva del sujeto "víctima" a las maniobras del acoso. Al convertirse en el objetivo del acoso, la víctima contribuiría a evitarle al acosador la depresión, al gratificar su narcisismo mediante los beneficios de la relación de dependencia que le impone. Abolición del pensamiento subjetivo, incluso "cosificación" serían, en el acosado, los indicadores de la relación de dominio establecida con el acosador.

La multiplicación de las situaciones de acoso sería en esta perspectiva comprendida como la consecuencia de una evolución de las estructuras de personalidad, organizadas cada vez más frecuentemente según el modo narcisista de la búsqueda del gozo y de la economía del clivaje, en la sociedad posmoderna (R. Chemama, 2003; C. Melman, 2002).

Frente a tales situaciones, la investigación psicopatológica puede considerarse desde el punto de vista descriptivo y sintomatológico, como el caso de la victimología, o etiológica. En psicopatología del trabajo, el proceso de esclarecimiento de las causas de los síntomas se basa en un análisis del vínculo subjetivo con el trabajo, para no atribuirse el origen de los trastornos únicamente a la estructura de la personalidad del acosador y a la de la "víctima" del proceso de acoso. La psicodinámica del trabajo propone refutar las explicaciones diádicas (perverso-narcisista/víctima) o los enfoques descriptivos (*mobbing*) para centrar la discusión etiológica acerca del acoso moral en los fundamentos psicológicos de la servidumbre y del consentimiento en el contexto de los vínculos de dominación social. La instalación del proceso de acoso moral implica en efecto el consentimiento de los colegas que constatan y asisten, sin oponerse, al desvío de los vínculos de trabajo de su finalidad (M. Drida, 1999). Por otra parte, los pacientes que consultan para hacerse ayudar en situaciones de acoso, han sido muchas veces testigos silenciosos, o incluso se han visto implicados en maniobras de acoso de colegas, antes de volverse ellos mismos el objeto del proceso de acoso.

El acoso no es una novedad en el mundo del trabajo. Pero lo que sí es nuevo, es en primer lugar la soledad de la persona acosada, y luego el reconocimiento social del estatus del acosado, en particular a partir del reconocimiento jurídico del fenómeno de acoso, que puede dar lugar a una reparación (M. Pezé et al., 2003). Los debates públicos y la legislación sobre el acoso moral (ley de modernización social del 2002), para numerosos trabajadores, han contribuido a transformar su manera de nombrar y de describir las situaciones profesionales en las cuales pueden encontrarse. Sin embargo, por más útil que sea, el surgimiento del estatus de víctima contribuye al fenómeno de ocultamiento de lo real del trabajo. Generalmente, la discusión sobre los vínculos sociales del trabajo y sobre el trabajo real es apartada de las acciones encaradas frente a una situación de acoso moral en el contexto del trabajo. La referencia a la estructura perversa del "acosador" tiene como consecuencia ocultar la existencia de vínculos sociales en el seno de la empresa y evitar cuestionar las repercusiones de la organización del trabajo y de sus efectos sobre el funcionamiento psíquico y somático del conjunto de los trabajadores de la empresa (L. Gaignard, 2007; I. Gernet, L. Gaignard, 2005). En efecto, es bastante habitual asistir a desplazamientos del proceso de acoso y a una descompensación del acosador que se convierte él mismo en acosado. En la ausencia de una reflexión sobre las condiciones sociales que favorecen o impiden la implementación del proceso de acoso, los análisis propuestos se verán en la imposibilidad de rendir cuenta del mantenimiento y del desplazamiento del fenómeno de acoso en un servicio o una empresa.

Las investigaciones clínicas muestran que el proceso de acoso se inscribe en la continuidad de una négación, por los colegas y/o la jerarquía, del vínculo con lo real del trabajo que el asalariado trata de mantener y que toma frecuentemente la forma de una sobreimplicación en la actividad del trabajo. La soledad que se desprende está acentuada por las nuevas formas de organización del trabajo: en particular cuando las técnicas de *management* favorecen el debilitamiento progresivo de las solidaridades colectivas y la competencia entre los trabajadores. La descompensación se manifiesta como una consecuencia de un modo de vínculo social con el trabajo específico que utiliza el "fundamento de la perversión" (J.C. Valette, 2002) debido a la distorsión de la movilización de la inteligencia en el trabajo.

La interpretación del acoso es entonces invertida con respecto a la interpretación victimológica, al poner el acento sobre la implicación colectiva, desplaza la discusión etiológica de los procesos, de la esfera individual hacia la esfera del trabajo y las transformaciones de la organización del trabajo. El análisis del vínculo entre las situaciones antedichas de "acoso moral" y las nuevas formas de organización del trabajo, revelan modos de sufrimiento que resultan específicamente del impedimento de poder realizar un trabajo de calidad: intensificación de las tareas, pérdida del sentido del trabajo, conflictos éticos, participación en el "trabajo sucio", pueden constituir factores que favorezcan, y que preexistan a la implementación del proceso de acoso.

El lugar de la violencia en el proceso de acoso merece también una discusión si consideramos una definición restringida de la violencia, en tanto acción ejercida por la fuerza sobre el cuerpo del otro contra su voluntad. Concebida como tal, la violencia es rara en los medios de trabajo de los países "desarrollados". Sin embargo, los componentes sádicos y masoquistas que alimentan la crueldad "habitual" del acoso moral se presentan como componentes parciales de la sexualidad.

En efecto, para el psicoanálisis, los fundamentos de la crueldad se encuentran cercanos al placer que acompaña la búsqueda de excitación y pertenecen de lleno a la sexualidad. En el análisis etiológico del acoso moral en el trabajo, paralelamente a la identificación de los procesos intrapsíquicos, le corresponde entonces al médico clínico dar cuenta de las condiciones sociales y organizacionales que limitan o al contrario liberan el surgimiento de la violencia en situación de trabajo.

Ilustración clínica

La presentación clínica (M. Pezé, 2010) de la situación de una trabajadora, Solange y de su superiora jerárquica, la señora T, que consultan ambas a la misma médica clínica por acoso moral pone de manifiesto la complejidad de la situación del acoso, que no puede reducirse a la deconstrucción de una relación patógena entre una víctima y un perverso. Solange, que trabaja como teleoperadora de ventas en un open space describe una intensificación del trabajo (agregado de nuevos servicios, cambios frecuentes en los protocolos de recepción telefónica, aumento de las cadencias de respuesta a los llamados de los clientes…) junto con una ausencia de solidaridad entre colegas, lo que la lleva a "blindarse". Luego de una licencia de trabajo de tres meses debidos a una histerectomía, ella retoma el trabajo pero no encuentra ni su escritorio, ocupado por la nueva directora del sitio, ni sus objetos personales (documentos profesionales y objetos privados): todo esto ha sido tirado a la basura. Es entonces cuando desencadena un ataque de hipertensión que la lleva a la guardia hospitalaria y será posteriormente reclasificado como un accidente de trabajo luego de ser atendida en un consultorio pluridisciplinar de "sufrimiento en el trabajo". La directora, testigo del accidente de Solange se presenta a la consulta un mes más tarde. Ella relata un proceso de "desexualización" de su identidad femenina que acompaña su toma de responsabilidad en un colectivo de hombres: para afirmarse e imponer su autoridad, se ve obligada progresivamente a "borrar" los signos de feminidad. Cae así en un activismo defensivo y se endurece al aportar su contribución a la estrategia viril, organizada por la misoginia, el sexismo y el ejercicio autorizado de la agresividad. La descompensación somática brutal de Solange, luego del acoso por parte de la señora T., se vuelve en contra de esta última: su identidad se desestabiliza repentinamente ante el espectáculo de la intervención de los servicios de emergencias.

Patologías de sobrecarga

Dentro de las patologías de sobrecarga, se distinguen:

- los perjuicios somáticos (TMS, LER, *karôshi*);
- un síndrome mixto que asocia síntomas psíquicos y somáticos, el síndrome de agotamiento profesional o *burn out*.

Karôshi

El *karôshi* es un término japonés que designa la "muerte por exceso de trabajo" que ocurre en los jóvenes ejecutivos o empleados hombres de entre veinticinco y cuarenta años, luego de sufrir una hemorragia cerebral o un infarto del miocardio. Las víctimas no presentan antecedentes cardiovasculares. La sobrecarga de trabajo es generalmente importante (más de 70 horas por semanas contabilizadas). El *karôshi* es reconocido como una enfermedad profesional en Japón desde los años 1970.

En Francia, varios estudios epidemiológicos han insistido estos últimos años en las enfermedades cardiovasculares y sus vínculos con los riesgos ocasionados por las imposiciones de la organización del trabajo. La mortalidad prematura por infarto del miocardio sería dos veces más alta entre los obreros que en los cuadros superiores, y tres veces y media superior en el caso de los empleados (Dossier *Santé et Travail*, 2003). Los vínculos entre enfermedad cardiovascular y trabajo están generalmente formalizados por el recurso a los modelos del estrés. (R.A. Karasek, T. Theorell, 1990; R.S. Lazarus, S. Folkman, 1984).

Trastornos músculo-esqueléticos (TMS)

Los trastornos músculo-esqueléticos representan la patología más frecuente en el ámbito laboral. El programa de monitoreo epidemiológico de los TMS desarrollado desde 2002 en la región Pays-de-la-Loire permite estimar que al menos 13 % de los trabajadores presentan TMS de los miembros superiores en Francia (Roquelaure, 2005). Estos trastornos han sido identificados en primer lugar en los trabajadores de las cadenas de montaje, pero su frecuencia aumenta actualmente en todos los sectores de actividad, incluso entre los empleados de oficina y los ejecutivos. Este aumento se manifiesta como paradójico en el contexto de la mecanización y de la automatización de los procedimientos, así como de los progresos de la informática.

Clínica

Los trastornos musculo-esqueléticos tienen un impacto electivo en el cuerpo mediante daños inflamatorios y dolorosos en las extremidades, en los tendones de las articulaciones, en los miembros superiores (manos, muñeca, hombro, codo), en los miembros inferiores (rodilla, tobillo) y en la columna vertebral. Los mecanismos en juego son complejos y asocian fenómenos mecánicos, inflamatorios, vasculares y degenerativos. El principal síntoma es el dolor, asociado a rigideces, parestesias, pérdida de movilidad y de fuerza, que pueden, en los casos más graves, conducir a una incapacidad laboral permanente.

Los TMS no son una entidad clínica unívoca, pero pueden identificarse las patologías más frecuentes:

* el síndrome del túnel carpiano (mano y muñeca);
* la tendinitis del manguito rotador (hombro);
* la epicondilitis (codo de tenista) y el higroma (codo);
* las lumbalgias, dorsalgias e inflamaciones raquídeas (espalda).

Estas patologías son reconocidas como enfermedades profesionales (cuadro n° 57 de las enfermedades profesionales del régimen general de la Seguridad Social, cuadro n° 39 de las enfermedades profesionales del régimen agrícola).

Los ergónomos han puesto de manifiesto los factores biomecánicos que resultan de la hipersolicitud de los gestos y de las posturas en el transcurso de la actividad de trabajo (manipulación de cargas pesadas, posición parado y sentado prolongada, actividad en posiciones incómodas en particular), mientras que las relaciones entre la carga psíquica y los trastornos músculo-esqueléticos, vinculados a las formas de organización del trabajo (*Just in Time*, flexibilidad, calidad total, evaluación individualizada de los rendimientos) han sido demostrados por los médicos y los clínicos del trabajo (F. Bourgeois et al., 2000; B. Fouquet et al., 2005).

En el campo de la psicopatología del trabajo, notamos por otra parte un aumento del número de patologías somáticas: diabetes insulinodependiente, asma, alergias, trastornos ginecológicos y endocrinos, enfermedades cardiovasculares, infecciones recurrentes, etc. Ciertas pistas de investigación se han abierto, a partir de los aportes de la psicosomática al análisis de las descompensaciones somáticas vinculadas con el trabajo, por una parte (C. Dejours, 1996) y a la integración de los incidentes teóricos del vínculo subjetivo con el trabajo en la clínica psicosomática, por otra parte (C. Dejours, 2003; M. Pezé, 2002; F. De Melo e Silva, 2011).

ANÁLISIS

La clínica de los trastornos somáticos en el trabajo conduce a matizar la distinción clásica entre sufrimiento físico y sufrimiento psíquico y moral. La investigación psicopatológica se beneficia con el aporte de los trabajos en psicosomática, que permiten comprender de qué manera la saturación del aparato psíquico, debido al aumento de las imposiciones de ritmo y de rendimiento, ocasiona alteraciones del funcionamiento psíquico, que a su vez conllevan un debilitamiento del cuerpo, puesto de manifiesto por el desencadenamiento de perjuicios somáticos.

Sin embargo, la aparición de una enfermedad somática no se da, por lo general, de manera inmediata. La traba en el funcionamiento psíquico se traduce, en primer lugar, por una vivencia de insatisfacción que se expresa por la fatiga. Algunos trabajos tienden a mostrar que la fatiga no está siempre correlacionada con una carga física excesiva, lo que lleva a privilegiar la hipótesis de la "carga psíquica" en la aparición de los trastornos como las patologías del *burn out* en el personal de cuidado sanitario (M. Estryn-Behar, J.P. fouillot, 1990). La fatiga puede tener su origen en el agotamiento de los órganos, pero también en la inactividad que resulta de una "represión-inhibición" de la actividad psíquica espontánea.

Aporte de la psicosomática a la clínica del trabajo

A partir de los años 1960, P. Marty y sus colaboradores fueron llevados a formular las bases de una teoría compleja que intentaba dar cuenta de los fenómenos vitales psíquicos y somáticos. Estos trabajos reivindican la herencia freudiana, al defender el aporte de la teoría psicoanalítica en el estudio de las enfermedades somáticas, basada en el paradigma de la oposición entre histeria de conversión y somatización delineada por S. Freud en sus afirmaciones sobre las neurosis actuales. En sus primeros trabajos psicoanalíticos, en los años 1895, logra identificar, al lado de los síntomas corporales de naturaleza histérica, otros trastornos corporales, injustamente llamados trastornos "neuróticos" según él (S. Freud, 1895). Estos últimos serían el resultado de un defecto de elaboración psíquica de las excitaciones somáticas, mientras que los trastornos de conversión de la histeria, que remiten a la categoría de las psiconeurosis, derivarían de un exceso de excitación psíquica, vinculado con la dinámica conflictual de la vida psíquica organizada por la sexualidad infantil.

La teoría psicosomática de la Escuela de Paris defiende la hipótesis según la cual la solidez de la estructura mental tendría como función proteger al sujeto contra el riesgo de somatización. El médico clínico les otorga un lugar importante a los movimientos de desorganización que obran en el sujeto, movimientos que marcan la fragilidad del funcionamiento psíquico que puede anteceder a la aparición de trastornos somáticos. Estos movimientos de desorganización psíquica (depresión esencial, pensamiento operatorio) serían los indicadores de las irregularidades, e incluso de las fallas severas del funcionamiento mental del sujeto, pudiendo abrir la vía a una desorganización somática evolutiva más o menos grave. En algunos casos, la desorganización psíquica solo sería transitoria y estaría acotada en el tiempo por los puntos de referencia formados en el transcurso del desarrollo de la personalidad. Esta desorganización podría entonces dejar lugar a un movimiento de reorganización posible, que sería más favorable si el paciente encontrara un apoyo suficiente, brindado por su entorno familiar o médico. El rol del entorno tendría como objetivo sostener el funcionamiento psíquico con fallas o debilitado del sujeto. Según el punto de vista económico, sobre el cual se basan los enfoques de la Escuela de Paris, se trata del desborde de las capacidades de elaboración psíquica, debido a la fragilidad, e incluso la falta de organización del aparato psíquico, lo que permite explicar la aparición de un perjuicio somático y sus eventuales manifestaciones evolutivas. Las excitaciones en exceso, que resultan de la confrontación con elementos de la realidad con valor de traumatismo coyuntural y reactivante de las heridas narcisistas precoces, serían descargadas en el cuerpo.

Otras concepciones teóricas de la descompensación somática privilegian el punto de vista dinámico centrado en el análisis de los conflictos (J. Mac Dougall, M. Sami-Ali, C. Dejours). Con referencia a la teoría psicoanalítica del cuerpo, la vulnerabilidad del cuerpo erógeno puede ser revelada por la formación de síntomas psicopatológicos, pero también por trastornos somáticos, cuando el apuntalamiento del pensamiento sobre el cuerpo se ve debilitado o roto.

Si bien todos los autores acuerdan entre ellos sobre las fallas de la represión y su preponderancia en la clínica psicosomática, sus propuestas divergen en cuanto a la especificidad de los procesos psíquicos que obran en las descompensaciones somáticas, pero también sobre el hecho que la represión pueda beneficiarse con un estatus metapsicológico definido. La represión constituye siempre un obstáculo a la elaboración psíquica al atacar específicamente el desarrollo del afecto (C. Parat, 1991), y se inscribe, para los autores de la Escuela de Paris, en el contexto de vulnerabilidades estructurales. Independientemente de la tesis de la especificidad estructural de los pacientes con enfermedades somáticas, las particularidades de los procesos psíquicos involucrados en las descompensaciones somáticas residen en el uso específico de la economía de la percepción, como una defensa contra el poder de destrucción (C. Dejours, 1989, 2009). El recurso a la represión se acompaña con una inhibición masiva del Yo que contribuye a "desensibilizar" el inconsciente e impedir el desarrollo de la angustia. La represión contribuye al desapuntalamiento de las pulsiones sobre las funciones biológicas, lo que conlleva un riesgo para la economía biológica y la salud del cuerpo.

Las concepciones metapsicológicas propuestas por Freud dan cuenta del conflicto intrapsíquico y de la estructuración del funcionamiento psíquico gracias a la diferenciación de las instancias del segundo tópico, así como de los sistemas del primer tópico, a partir del rol de vinculación otorgado al Yo y al preconsciente. La clínica de los pacientes no neuróticos sugiere que el conflicto intrapsíquico y el trabajo del preconsciente, identificado por los retorno del inconsciente reprimido, no son siempre el modo de funcionamiento dominante, como lo han enfatizado largamente Marty, Fain y de M'Uzan. Otro sector del inconsciente se daría entonces a conocer, bajo la forma de la violencia compulsiva, del pasaje al acto, o de la "somatización".

El modelo de la tercera tópica, o tópica del clivaje o escisión, consiste en hacerle lugar, al lado del inconsciente sexual reprimido, a otro sector del inconsciente, el inconsciente "amencial" (o "inconsciente enclavado" según J. Laplanche). El inconsciente sexual reprimido corresponde a la formación de las pulsiones sexuales, el inconsciente amencial correspondería por su parte a una agenesia pulsional. Los retornos del inconsciente amencial no son retornos de lo reprimido (acto fallido, lapsus, recuerdos de cobertura, sueños, fantasma, síntomas), sino que en su lugar ocurren ciertos pasajes compulsivos a la acción o crisis somáticas. Entre ambos sectores del inconsciente no existiría una comunicación, sino un clivaje, del cual resultarían dos modos de funcionamientos distintivos en el interior del mismo aparato psíquico que pueden coexistir sin perjudicarse uno a otro. Toda desestabilización de ese clivaje se traduciría clínicamente por una crisis psicopatológica (descompensación).

Los TMS pueden ser analizados a la luz de los efectos de la imposición repetitiva sobre el funcionamiento psíquico. La normalidad de los operadores y de las operadoras, que sufren los efectos del trabajo repetitivo con restricciones de tiempo en el sector de los servicios, parece haber sido obtenida al precio de desórdenes importantes del funcionamiento psíquico y de la actividad del pensamiento.

La anestesia psíquica obtenida por la represión funciona también como anestesia física para los estados afectivos y el dolor (E. Zulmira Rossi, A. Magnolia Mendes, 2009). En este caso, el dolor no cumple más su función de señal de alarma respecto de los peligros que inciden en el cuerpo. El dolor irrumpe "demasiado tarde", cuando la enfermedad osteo-articular ya está instalada.

Entre las hipótesis etiológicas, el sedentarismo parece más nocivo que las tareas manuales (las cuales requieren de los músculos agonistas y antagonistas). Las lesiones corporales no serían entonces la única consecuencia del microtraumatismo acumulativo. Pero la génesis de los trastornos dolorosos estaría vinculada con la traba de la motricidad. Los esfuerzos realizados para no moverse, no pensar, no sentir, estarían en el origen de la degradación de la salud. "Permanecer en su puesto de trabajo significa restringir la posibilidad desatisfacer necesidades fisiológicas como orinar, execrar, alimentarse, beber. Para trabajar, el cuerpo debe aprender a no funcionar, o mejor dicho a funcionar de manera restringida. El costo de este esfuerzo sería la incomodidad, los dolores, los trastornos, las lesiones" (L. Sznelwar, M. Massetti, 2002).

Los impactos dolorosos han contribuido a revelar la importancia de la gestión en el trabajo. El trabajo puede ser fuente de placer si permite, a pesar de las imposiciones de lo real de la organización, un "ejercicio inventivo del cuerpo" (M. Pezé, 2003). En ese sentido, los gestos de trabajo están al servicio de la simbolización, porque favorecen la expresión subjetiva e involucran de manera específica la experiencia del cuerpo al servicio del sentido. La experiencia del trabajo pasa siempre por una movilización del cuerpo erótico (*cf.* ParteI) y del accionar expresivo que designa la manera en que el cuerpo se moviliza al servicio de la significación. La traba surgida de las modalidades organizacionales sobre los gestos es fuente de sufrimiento (F. Derriennic et al., 1997) porque en una situación de imposición, el accionar expresivo que organiza la dramaturgia corporal y sostiene la dinámica intersubjetiva se ve obstaculizada, ya sea por los propios movimientos de inhibición del sujeto, o bien por una negación formulada por el o los integrantes de la interacción.

Por otra parte, el vínculo directo con los clientes, que tiende a generalizarse, plantea la cuestión del destino de la agresividad. Ciertos estudios sobre el trabajo de los operadores de venta telefónica, por ejemplo, resaltan el carácter penoso de este tipo de actividad: sumisión a imperativos de producción elevados, vigilancia permanente por medio de la grabación de las actividades y escucha aleatoria por parte de los supervisores, autonomía reducida. Todos estos factores entran en competencia con la calidad de la interacción con el cliente, a veces también agresivo, lo que perjudicaría la calidad del trabajo. Lejos de favorecer la expresión de la agresividad, la organización del trabajo de operador de ventas telefónicas tendería a reforzar la represión psíquica, mediante el recurso a la autoaceleración para "premunirse del riesgo de ser sorprendido en falta" por las prácticas de control permanente (C. Bouvet, F. Schneider, 2007).

Finalmente, el mundo del trabajo se encuentra transformado por el lugar preponderante otorgado a la calidad total y a la evaluación. La evaluación individualizada de los rendimientos, acoplada a la gestión por objetivos, conduce a la competencia generalizada entre agentes, entre servicios, entre establecimientos. Cuando la misma no está asociada a gratificaciones sino a sanciones ("congelamiento", por ejemplo) o a amenazas de despidos, culmina en la individualización, luego en la desconfianza y puede derivar hasta en conductas desleales entre colegas. Estas prácticas se acompañan de una desestructuración mayor de la confianza y de la cooperación en el trabajo, debilitando los recursos defensivos elaborados colectivamente para protegerse de los efectos patógenos de las imposiciones del trabajo. Las evaluaciones pueden, por otra parte, ser utilizadas como medio de presión y generar riesgos importantes de sobrecarga de trabajo (C. Dejours, 2003).

Síndrome de agotamiento profesional o *burn out*

Las primeras descripciones se realizaron con el personal de cuidados sanitarios y los trabajadores sociales. La expresión *burn out syndrome* que aparece en los años 1970 en los Estados Unidos (H.J. Freudenberger, 1974) pone el acento sobre el desgaste, el agotamiento ante una solicitud demasiado importante de energía y de recursos con el riesgo de "consumirse", de "quemarse".

La "fatiga de compasión" ha sido descripta igualmente como la resultante de un compromiso profesional hacia personas que presentan un gran desamparo psicológico o un estado traumático, en particular entre las profesiones de asistencia a personas (trabajadores sociales) y los profesionales de los servicios de emergencias y de socorro. En algunos casos, la fatiga de la compasión precedería al *burn out* (M. de Clercq, F. Lebigot, 2001).

CLÍNICA

En el plano descriptivo, tres dimensiones caracterizan el síndrome (C. Maslach, S.E. Jackson, 1981; P. Canoui, 2008):

- el agotamiento emocional que es el punto central del síndrome;
- la "despersonalización" y la deshumanización de la relación interpersonal, que conducen a una pérdida de empatía, un desprendimiento progresivo, una

rutina en las prácticas de cuidado con una tendencia a tratar al paciente como una cosa;

* la disminución de la realización personal que resulta del involucramiento desmedido en la actividad, desemboca en el agotamiento y en la pérdida de eficacia que genera duda sobre las propias capacidades.

El *burn out* no representa una categoría nosográfica particular en la medida en que los signos clínicos que lo caracterizan no son específicos. Sin embargo, es posible identificar ciertas manifestaciones físicas y psíquicas que brindan información sobre el estado físico y psíquico consecutivo a la sobrecarga de trabajo. En el plano físico, se presentan quejas mal definidas:

* trastornos del sueño;
* una fatiga excesiva;
* manifestaciones gastrointestinales;
* dolores lumbares;
* difusos dolores cardíacos.

Los perjuicios psíquicos son sutiles y se presentan como inhabituales para el sujeto:

* desprendimiento progresivo;
* irritabilidad;
* desconfianza o rigidez hacia el prójimo;
* pérdida de la autoestima;
* pérdida de confianza en sí mismo;
* incremento del pesimismo;
* variaciones del humor.

Este tipo de manifestaciones psicopatológicas que afectaban en primera instancia a las profesiones que implicaban una relación de ayuda, de asistencia o de cuidado, tiende a propagarse en el conjunto de las actividades "de servicio" que solicitan la participación emocional de los empleados, para responder al pedido del cliente, del usuario o del enfermo.

Análisis

La cuestión del agotamiento en el trabajo es antigua y ha sido objeto de las primeras investigaciones en psicopatología del trabajo (neurosis de los telefonistas, J. Bégoin, L. Le Guillant, 1958; fatiga "nerviosa", C. Veil, 1952).

Los estudios más recientes insisten en los "riesgos psicosociales" de las profesiones de cuidados sanitarios, de ayuda a la persona y de servicio. El personal de cuidados sanitarios sería más vulnerable al agotamiento profesional debido a su cercanía con el sufrimiento y la muerte. El *burn out* resultaría de la noculminación del trabajo emocional (A. Hochschild, 1983), en el cual la dimensión afectiva le ganaría al "desapego moral" conveniente.

El análisis de los procesos psíquicos en el caso de las patologías de sobrecarga pone de manifiesto varias problemáticas, que resultan de las especificidades de las actividades de servicio en el marco de la evolución contemporánea de la organización del trabajo.

• Todas las actividades que remiten a la economía de los servicios, o inclusive al cuidado, no producen objetos visibles, ya que su eficacia depende de su invisibilidad (*actividades "discretas" e "inmateriales"*), lo que plantea serias dificultades en cuanto a su reconocimiento (C. du Tertre, 2008). En el caso de los procedimientos de evaluación del trabajo por parte de los usuarios beneficiarios de los servicios propuestos, o de los cuidados brindados, estas dificultades se incrementan cuando esta forma de juicio condensa en sí mismo la evaluación del trabajo de los equipos. La sustitución del reconocimiento conferido por juicios referidos al trabajo por la "gratitud" de los usuarios (P. Molinier, 2006) puede, en algunos casos, conducir a verdaderas "negaciones de reconocimiento", frente a las cuales la sobreimplicación en la relación con los usuarios puede convertirse en una modalidad de defensa individual específica. Se nota entonces en primer plano la expresión de ideales elevados ya mencionada por Freudenberger en sus primeras descripciones del *burn out*. La investigación a partir de la clínica del trabajo sugiere que el *burn out* no afecta de manera específica a los sujetos que presentan ideales elevados, sino más bien que las repercusiones de la organización del trabajo sobre el funcionamiento psíquico actualizan un conflicto psíquico que pone en juego la instancia del Yo Ideal. Este tipo de conducta, que apunta a alimentar el narcisismo con una sobreimplicación en la relación con el usuario o con el cliente, es por lo general un indicador de la alteración, o incluso de la desaparición de la deliberación colectiva sobre el trabajo.

• El *trabajo de cuidados sanitarios*, que se caracteriza por una relación construida alrededor del vínculo con el cuerpo del enfermo, moviliza una experiencia emocional que tomará diferentes tonalidades (P. Mercadier, 2002). Este tipo de trabajo genera sufrimiento, molestia, repulsión, excitación, miedo al encuentro con los enfermos. Soportar los sentimientos y los afectos contradictorios generados por las especificidades del trabajo para mantener la relación supone poderlos elaborar psíquicamente. Este trabajo de elaboración requiere no solamente de disposiciones individuales, sino que depende igualmente de condiciones sociales mediante un ejercicio colectivo de deliberación sobre el trabajo concreto. A falta de ese tiempo de elaboración, es posible preservarse individualmente, poniendo distancia de los afectos suscitados por el encuentro con los pacientes. El evitamiento, la "deshumanización" o la "cosificación" de los pacientes, que encontramos como signos característicos del *burn out*, son formas clínicas habituales.

El conflicto entre la referencia a la gestión, que apunta al control de los costos y la referencia al trabajo, puede ilustrarse a partir de la crisis que afecta al medio hospitalario. En el marco de la tarifación de la actividad, los objetivos fijados aparecen en contradicción total con la naturaleza efectiva del trabajo de cuidados. El personal de cuidado sanitario se confronta con el hecho de tener que trabajar no tan bien (haciendo salir más rápido a los pacientes, cuyo estado no está estabilizado), mientras disponen sin embargo de herramientas o de medicamentos más eficaces. Otros son llevados a efectuar prácticas moralmente indeseables, como por ejemplo "seleccionar" o "clasificar" a los pacientes aceptando a aquellos menos deteriorados físicamente, y negando la hospitalización de enfermos que presentan afecciones crónicas o patologías múltiples invalidantes. El sufrimiento experimentado aquí resulta del compromiso con el sistema de gestión, sin embargo denunciado. El involucramiento apasionado en la actividad, con el riesgo de agotamiento físico y psíquico, representaría una manera de no pensar el conflicto de racionalidad moral generado por las contradicciones del trabajo.

• En las actividades de servicio, una dimensión particular incide sobre la *"gestión"* y *el modelado de las emociones* para favorecer el intercambio con el cliente. En la concepción de A. Hochschild (1983/2003) la perspectiva de la gestión de las emociones es considerada como un trabajo. El "trabajo emocional" designa "el acto por el cual se intenta cambiar el grado o la calidad de una emoción o de un sentimiento". El interés de la noción reside en hacer evidente la complejidad de los tipos de actividad, que involucran la dimensión relacional. La prescripción y el control de los usos del cuerpo (A. Jeantet, 2003; J. Calderon, 2005) movilizan de manera específica la expresión de los sentimientos, pudiendo llegar hasta suscitar una vivencia de extrañeza de sí mismo, en particular cuando las emociones movilizadas en el trabajo se acumulan con las solicitudes de la vida familiar (A. S. Wharton, 2004). El riesgo de presentar un desamparo psicológico y síntomas depresivos sería más elevado en los trabajadores involucrados en un trabajo emocionalmente exigente encontrándose en situación de aislamiento respecto del colectivo (M. Vézina, L. St Arnaud, 2011).

• En el *burn out, el involucramiento personal* está identificado como el factor de riesgo principal: la vulnerabilidad reside en la implicación y la conciencia profesional, que son también condiciones del rendimiento y se revelan particularmente apreciados por los colegas y los superiores jerárquicos. Esta contradicción es, sin embargo, lo que caracteriza los fundamentos psicológicos del compromiso subjetivo en situación de trabajo. Una investigación (G. Doniol-Shaw et al., 2009) sobre los recorridos profesionales de las mujeres que trabajan en el sector de los empleos familiares (auxiliares domésticas) y ejerciendo con personas adultas enfermas, o discapacitadas casi siempre envejecidas, puso de manifiesto un compromiso paradójico de estas profesionales. El agobio de las situaciones encontradas, a veces al límite de lo soportable (amontonamiento de residuos, deyecciones humanas/animales, consumo de alcohol) que suscitan asco y repulsión coexiste con un compromiso fundamental con la acción para intentar transformar estas situaciones, a pesar de que podrían decidir sustraerse de ellas (ya que las mismas no están comprendidas en sus funciones). La originalidad de esta investigación reside en que habitualmente, las tareas difíciles, designadas como "tarea sucia" (*cf.* Parte I) son objeto de un mecanismo de delegación, en el cual un grupo profesional busca descargar sobre otro la realización de las tareas ingratas (por ejemplo, las situaciones estudiadas por C. Arborio respecto de las enfermeras y de las auxiliares de cuidado sanitario en el hospital, 2001). La elucidación de esta paradoja aparente reside en las determinantes del vínculo subjetivo con el trabajo que se caracterizan, en estos profesionales, por una concepción del trabajo concebido como de ayuda a la persona, involucrando su responsabilidad frente a lo vulnerable del otro y no como un trabajo de servicio, que se reduce a las tareas domésticas. En las situaciones repulsivas, la capacidad de mantener el involucramiento en el trabajo y de establecer una forma singular de compromiso entre la realidad psíquica y las restricciones del trabajo reside en el sentido atribuido al trabajo, así como en las modalidades originales de cooperación con los beneficiarios.

Este ejemplo al contrario revela el recorrido complejo de la sublimación, entre las exigencias pulsionales individuales y la dinámica del reconocimiento que contribuye a dar una forma "socialmente valorizada" a los involucramientos del trabajo. No existe un vínculo "mecánico" entre el compromiso en el trabajo y las retribuciones simbólicas, provenientes de los juicios formulados sobre "la manera de hacer" que participan de la conquista de la identidad en el campo social. Siempre subsiste un "resto" que determina las modalidades singulares de aprobación de las apreciaciones sobre las habilidades desplegadas para realizar el trabajo.

Hiperactividad y doping en el trabajo

Hiperactivida

En el plano histórico, los vínculos entre hiperactividad y trabajo ya habían sido considerados por los psicoanalistas como la "neurosis del domingo" (K. Abraham, 1919). Pensaban que una actividad de trabajo intensiva tenía como función proteger al sujeto contra la aparición de trastornos neuróticos, desviando las exigencias pulsionales hacia otro objetivo, en este caso la actividad de trabajo excesiva.

Más recientemente, ciertos trabajos en Francia y en Estados Unidos ponen de manifiesto la progresión del hiperactivismo profesional desde hace unos diez años. El aumento de este tipo de trastornos representa una paradoja en ese contexto "oficial" de reducción del tiempo de trabajo, de flexibilidad ("horarios a pedido", "teletrabajo") y de nuevas organizaciones del trabajo que se supone deben valorar su autonomía.

Las observaciones clínicas revelan trastornos considerados en términos de dependencia o incluso de adicción al trabajo, debido a la naturaleza compulsiva de la actividad profesional paralos sujetos descritos como "adictos de trabajo" o *addicted to work*. Este tipo de trastornos afecta a todas las categorías profesionales, tanto a obreros, personal de cuidados sanitarios, artesanos o ejecutivos de las grandes empresas.

El *workaholism* (W.E. Oates, 1971) designa una forma de sobreimplicación profesional que reviste un carácter patológico, cuyas características semiológicas se asemejan a una conducta de dependencia. El fenómeno debe ser duradero y persistir a pesar de las consecuencias negativas para la salud o la vida familiar y social. El neologismo *workaholism* busca designar ciertas conductas de agotamiento profesional, pero en el marco de un desvío del trabajo a partir del cual el sujeto se "embriaga", otorgando cada vez más tiempo y energía a sus actividades profesionales. El perfil psicológico del "adicto al trabajo", propuesto por Spence et Robbins (1992) se caracteriza por tres dimensiones: un compromiso fundamental con el trabajo (*high work involvement*), una compulsión a trabajar (*high drive to work*) y poca satisfacción experimentada al hacerlo (*low work enjoyment*), y ha dado lugar a la concepción de una escala de evaluación específica (*The Workaholism Battery*, 1992).

Las explicaciones y modelos psicopatológicos de este fenómeno ponen el acento sobre los tipos de personalidad que predisponen a la aparición de un síndrome de dependencia conel trabajo (personalidad de tipo A caracterizada por la impaciencia y la agresividad o personalidades que responden a los criterios de obsesivas, compulsivas descriptas en el DSM-IV [D. Castro, 2004; J.L. Venisse, 1991]).

Análisis

En los casos de hiperactivismo y de presentismo, la imposibilidad de pensar su trabajo y la saturación del funcionamiento psíquico resultante puede desencadenar brutalmente trastornos de ansiedad, sentimientos recurrentes de baja autoestima, perturbaciones del sueño que pueden ir hasta un colapso depresivo. Aquí, el modelo de la auto-aceleración que conduce al mecanismo psíquico de la represión pulsional ya expuesto, permite identificar los riesgos para la salud del sujeto. La aceleración de la función defensiva de la inmovilización del funcionamiento psíquico por saturación del sistema percepción-conciencia puede, en efecto, evolucionar hacia descompensaciones mentales o somáticas. Los riesgos de agotamiento, o incluso de colapso del sujeto, son proporcionales a su implicación en un trabajo imposible de pensar debido a los conflictos éticos que esto generaría, o bien imposible de efectuar por falta de medios.

Desde el punto de vista de la psicopatología psicoanalítica, los sujetos que sufren conductas adictivas presentan características del funcionamiento psíquico marcadas por la sensibilidad a la pérdida de objeto. La sobreimplicación en la realidad externa tendría como función sostener la lucha contra la dependencia y los intentos por colmar el vacío interno consecutivo a vivencias de pérdida de apuntalamientos precoces. Estas características del funcionamiento psíquico conducen a ciertos autores a proponer un acercamiento entre los sujetos que presentan adicciones y aquellos que presentan descompensaciones somáticas (J. Mac Dougall, G. Pirlot, 2002). La sobrecarga psíquica que caracteriza la hiperactividad se asemeja a la semiología del pensamiento operatorio, descripta en psicosomática (P. Marty, M. de M'Uzan, 1963). La sobreimplicación en la actividad profesional, que moviliza las implicaciones intelectuales y sensoriales-motrices, serían el equivalente de un procedimiento auto-calmante, que apunta a combatir el surgimiento de la angustia. La hiperactividad representaría, a partir de ese momento, una modalidad de defensa contra el vacío interno y las dificultades de mentalización de la angustia, de la depresión y de los conflictos psíquicos.

La sumisión a la organización del trabajo que acompaña la hiperactividad puede también analizarse a la luz de la hipótesis de la interiorización de la cultura de empresa y del culto de la excelencia y del rendimiento, como lo propone la psicosociología. Las formas de *management* moderno apuntan a la adhesión del sujeto a la cultura de la empresa mediante la solicitud de identificaciones con los ideales de la empresa, la valorización del prestigio y de los beneficios para el sujeto si adhiere y participa activamente en los rendimientos de su sociedad. La solicitud del ideal en el trabajo contribuye a ocultar el trabajo real e incitaría a la disimulación y a la simulación haciendo "como si" fuera posible alcanzar el ideal (M.A. Dujarier, 2006). Los discursos del *management* y las organizaciones que hayan normalizado el ideal, solicitarían de manera electiva el registro narcisista y en particular el Ideal del Yo, al exaltar la responsabilidad individual y prescribiendo la omnipotencia, como un valor.

Sin embargo, el diagnóstico etiológico en los casos de hiperactividad se revela complejo, en la medida en que el rol de las prescripciones organizacionales no puede considerarse un determinante único de las conductas, sino que está estrechamente intrincado con las dimensiones intrapsíquicas. Las nuevas técnicas de evaluación individual de los rendimientos asociadas al *management* por objetivo sin tomar en cuenta los medios, al aumento de la autonomía sin el reconocimiento de la responsabilidad, al contacto directo con el cliente, contribuyen efectivamente a aumentar la carga psíquica. Los discursos ideológicos sobre la autonomía en el trabajo contrastan con las prácticas de los contratos de objetivos individuales que exigen a los trabajadores enfrentar en soledad las restricciones materiales, y asumir los resultados y en consecuencia los fracasos posibles, lo cual es particularmente arriesgado en el plano subjetivo.

Pero para un médico clínico, una observación únicamente centrada en el sujeto sin tener en cuenta su vínculo con el trabajo, corre el riesgo de falsear la comprensión de los trastornos. Todos los casos de activismo no pueden ser analizados como la consecuencia de una adhesión, o de una "interiorización", del imaginario social del capitalismo (N. Aubert, V. de Gaulejac, 1991) en los individuos que presenten una estructura psicopatológica de tipo neurosis de carácter o de comportamiento (P. Marty, 1991). El discurso manifiesto del sujeto hiperactivo, que se refiere a la ideología del rendimiento, aparece en primer lugar como la expresión del proceso de racionalización que apunta a justificar las conductas de hiperactividad, y no como la expresión de los deseos del sujeto. Por otra parte, lo que pasa como conductas masoquistas que subyacen a la complacencia, o incluso la sumisión de ciertos sujetos a su situación de trabajo, no da cuenta de la mayoría de las situaciones de dependencia en el trabajo. La solución masoquista sería en realidad "saludable" para estos sujetos (C. Dejours, 2004), al representar uno de los medios convocados para tolerar y "aguantar" (D. Rosé, 1997) el sufrimiento en el trabajo.

La investigación psicodinámica pone de manifiesto que la hiperactividad en el trabajo sería la consecuencia de los esfuerzos fundamentales desplegados por el sujeto para enfrentar el aumento de las obligaciones impuestas por la organización del trabajo, y poder continuar ofreciendo un trabajo de calidad, sea cual fuere su estructura de personalidad. El trabajo clínico apunta a permitir que el sujeto identifique lo que primó a la hora de caer en las conductas hiperactivas, para lograr un reacomodamiento del vínculo subjetivo con el trabajo a partir de la elaboración psíquica del sufrimiento.

Adicciones en ambientes profesionales

CLÍNICA

La adicción, que es una entidad *transnosográfica*, abarca las conductas de toxicomanía, alcoholismo y aquellas que conllevan una dependencia con o sin producto (G. Pirlot, 2009). Se pueden distinguir ciertas adicciones a diferentes substancias: tabaco, alcohol, medicamentos y psicotrópicos, drogas tales como cannabis, cocaína, heroína, anfetaminas o éxtasis.

Si bien el "riesgo alcohol" es bien conocido en los ambientes obreros, las adicciones conciernen en realidad a todas las categorías socioprofesionales. Estos comportamientos son generalmente considerados a partir de los riesgos para la salud y para la seguridad que conllevan (riesgos de accidentes de trabajo incrementados). Algunos sectores han sido objeto de estudios específicos (trabajo por turnos rotativos, trabajo nocturno y trabajo aislado, puestos de responsabilidades elevadas).

Los consumos serían más elevados o más frecuentes en las personas que ocupan puestos riesgosos. En una perspectiva psicodinámica, la conducta adictiva es resituada en el marco de las prácticas de trabajo que toman en cuenta la división del trabajo. La instauración de una dependencia respecto de substancias, que se traduce por un uso compulsivo pero muchas veces desprovisto de placer, es un indicador de la lucha encarada por el sujeto en situación de trabajo para aguantar. El análisis de los sistemas de defensa, elaborados individualmente y colectivamente para protegerse del miedo generado por las maniobras peligrosas del trabajo, desplaza la atribución de la responsabilidad individual hacia la organización del trabajo, en particular en caso de accidente. (H. Karam, 2011).

Otras descripciones clínicas ponen de manifiesto ciertas prácticas de "*doping*", en particular entre los ejecutivos. El término "*doping*" designa prácticas de consumo entre los ejecutivos de substancias diversas y variadas, lícitas o ilícitas, más o menos fuertes, farmacológicamente activas o no, para poder enfrentar sus obligaciones profesionales (M. Hautefeuille, 2008). La comparación con el medio deportivo se justifica por la primacía acordada al rendimiento. El consumo de aquellos pacientes que consultan por este tipo de trastornos se realiza en soledad y suscita vergüenza y culpabilidad. El consumo comienza generalmente luego de una sintomatología ansioso-depresiva, con trastornos del sueño asociados, que conducen a la ingesta de antidepresivos. Es en el momento en que los pacientes comienzan una práctica de automedicación cuando caen en las conductas de doping, ya que el aumento de las dosis tiene por función estimularse y ser más "impermeables al estrés". La asociación anárquica de antidepresivos, ansiolíticos y somníferos culmina en una sobrecarga de medicamentos que no permite contrarrestar el sentimiento de incapacidad frente a los objetivos asignados. Algunos pacientes terminan así por consumir simultáneamente diferentes productos: estimulantes durante el día (cafeína, anfetaminas, cocaína, cóctel de vitaminas…) y ansiolíticos y somníferos para tratar de hacer ceder el estado de excitación y dormir por la noche.

ANÁLISIS

La consideración y las reflexiones acerca de la prevención de estos trastornos necesitan una discusión sobre la etiología que tome en cuenta el análisis de la tarea y los acomodamientos subjetivos que el trabajo exige.

El análisis etiológico de las prácticas de alcoholización en el marco del trabajo contribuye a insistir sobre la función defensiva del alcohol. En algunas profesiones, la inseguridad forma parte del trabajo. Mientras persistan ciertos riesgos, la continuación del trabajo necesita la implementación de estrategias defensivas para luchar contra el miedo, en las cuales las bebidas alcoholizadas juegan un rol no desdeñable. El alcohol posee, en efecto, funciones ansiolítica y dedesinhibitoria que apuntan a calmar la angustia. La función ansiolítica del alcohol está puesta al servicio del aletargamiento del pensamiento y de la neutralización del miedo, mientras que por su función desinhibitoria, contribuye también a mantener el control simbólico del riesgo. La reanudación del trabajo peligroso se ve facilitada por el alcohol, que también ocupa un lugar fundamental en la formación y mantenimiento de la cohesión grupal. El consumo de alcohol, asociado con la convivialidad, la buena comida, está puesto al servicio de las estrategias defensivas, en particular en los colectivos masculinos organizados por los valores viriles (*cf.* Parte I) y contribuye a ocultar el miedo, al mantener la negación respecto de los riesgos del trabajo. No participar de las prácticas de consumo de alcohol se percibe muchas veces como una falta de coraje. Si bien el alcoholismo no puede explicarse íntegramente por el sufrimiento vinculado con el trabajo, el consumo de alcohol puede ser elevado al rango de una defensa específica en función del trabajo. Entre los militares que realizan operaciones en el exterior, por ejemplo, las prácticas alcohólicas cumplen una función de cohesión y de defensa al permitir luchar contra ciertas dimensiones del trabajo como la fatiga física, el desarraigo afectivo o la desilusión profesional (E. Prévot, 2007).

El consumo de alcohol prolongado en el espacio privado plantea el problema del "relevo" de la estrategia colectiva de defensa. La participación en una estrategia colectiva de defensa, en efecto, siempre produce impactos sobre la vida privada (*cf.* Parte I). Se trata esencialmente para el sujeto, como para su familia, de mantener una economía de las relaciones familiares que permita no desestabilizar las posturas defensivas, y poder así protegerse contra el regreso del miedo y del sufrimiento, que resultan incompatibles con la continuación del trabajo.

Los toxicómanos, contrariamente a las prácticas de consumo de alcohol en el marco del trabajo, remiten a conductas individuales al servicio del mantenimiento de la excitación, para hacerle frente a la carga de trabajo. Tabaquismo, alcoholismo, o incluso el juego compulsivo representarían, en algunos casos, "adicciones sustitutas" que permiten luchar contra el riesgo del estado de abstinencia vinculado con el cese del trabajo (M.P. Guiho-Bailly, 2004). La toxicomanía puede igualmente revestir una función defensiva al permitir a los sujetos anestesiar el sufrimiento y afrontar el peligro en algunas situaciones con riesgos importantes de accidentes.

En el caso de las prácticas de doping, la función principal de la utilización del producto es la de garantizar la eficacia para "estar a la altura" en todas las circunstancias (mantener los plazos en las negociaciones de contratos o elaboración de proyectos, lucha contra el *jet lag*…). Las modalidades de consumo difieren entonces de aquellas habitualmente encontradas en las toxicomanías que se manifiestan por su carácter compulsivo. Como se trata de conservar un estado de excitación constante en situación de trabajo, la cocaína se consume bajo la forma de "microdosis" a lo largo del día y no en forma de *shoot* que modifican considerablemente el estado físico.

Trastornos del juicio y del pensamiento

Clínica

Pueden aparecer trastornos cognitivos que revelan la pérdida de dominio sobre lo real en forma de:

- un síndrome deficitario sectorial. Perjuicios cognitivos así como trastornos mnésicos, razonamiento paralógico o infantil, trastornos del juicio, desorientación espacio-temporal, solo conciernen al campo de actividades profesionales, mientras que subsiste un funcionamiento psíquico sano por fuera del trabajo;
- un síndrome confusional o pseudo-demencial que se traduce por perjuicios severos de las funciones cognitivas: desorientación espacio-temporal de intensidad variada, trastornos de la memoria (olvido progresivo, falsos reconocimientos, dificultades para evocar recuerdos antiguos), trastornos graves de la atención y de la concentración que conllevan repercusiones importantes en la vida cotidiana (dificultades para seguir una conversación, para organizar el curso del pensamiento, dificultades de lectura), trastornos motrices que se traducen por una torpeza y una pérdida de las capacidades anteriores.

ANÁLISIS

La aparición de los trastornos cognitivos en situación de trabajo es frecuente, pero poco documentada. Su análisis puede ser iluminado por el aporte de las investigaciones experimentales sobre la doble tarea. Este dispositivo de sobrecarga experimental revela la competencia entre la saturación perceptiva (imposibilidad de controlar conscientemente varias cosas a la vez, aun si se pueden hacer varias cosas a la vez) y la actividad psíquica espontánea, y conduce a la aparición de fenómenos de desorientación y de agresividad (J. Kalsbeek, 1985). La aceleración de órdenes contradictorias y la confusión de los puntos de referencia en situación de trabajo pueden conducir a trastornos de la cognición tales como el síndrome deficitario sectorial. Cuando el trabajador se encuentra ante la imposibilidad de juzgar la utilidad o la conformidad de su trabajo con las reglas del arte, el curso de su pensamiento puede verse alcanzado y afectar de manera electiva el campo del trabajo. En efecto, estos trastornos pueden pasar fácilmente desapercibidos si, en el transcurso de las entrevistas con el sujeto, no se cruza la zona perturbada del funcionamiento psíquico centrando la discusión en el vínculo con el trabajo (P. Molinier, A. Flottes, 1999).

En otras situaciones, la capacidad de pensar comprometida puede afectar al conjunto del funcionamiento psíquico y llevar a estados confusionales, o pseudo-demenciales (M.P. Guiho-Bailly, P. Lafond, 2010). El síndrome del aspecto demencial, que se caracteriza por el deterioro de los procesos de pensamiento y el daño específico de la facultad de juzgar, muestra la gravedad del daño identitario. La falla de los procesos secundarios obstaculiza las capacidades lógicas y la atribución de significados a los acontecimientos y a los contenidos del trabajo.

En ciertos contextos de reestructuración que instauran la polivalencia y la flexibilidad, en los cuales el incremento de tareas debe regularse solo, la desorganización impuesta por las prescripciones organizacionales puede conllevar repercusiones graves para las capacidades cognitivas: interrupción intempestiva de la actividad, imprevisibilidad de las tareas a efectuar, reemplazo inesperado, reorganización en función de tareas consideradas prioritarias son susceptibles de desorganizar el funcionamiento cognitivo debido a la saturación del sistema percepción-conciencia que los mismos provocan.

La aparición de trastornos que afectan el funcionamiento cognitivo plantea problemas prácticos, en la medida en que los instrumentos al servicio del pensamiento y necesarios a la elaboración de la experiencia de trabajo y del sufrimiento, vinculado a ésta, son justamente infringidos. La desorganización que afecta los conocimientos sobre lo que es operativo o no en el ejercicio del trabajo, justo o injusto, está bien o mal, revela la inconsistencia de los procesos cognitivos y perturba las capacidades de decisión y de acción.

Ilustración clínica

Jeannine (M.P. Guiho-Bailly, P. Lafond, 2010) es una mujer de cuarenta años, atendida en un consultorio de un servicio psiquiátrico por trastornos cognitivos y psicomotores. Ella se manifiesta agotada, irritable, con insomnios y aletargada en el plano psicomotor. Presenta también trastornos de la memoria: pierde sus cosas, interrumpe sus actividades por la mitad sin recordar el motivo de la interrupción; presenta también trastornos de la atención y de la concentración. Pero parece particularmente inquieta respecto del agravamiento de los trastornos psicomotores traducidos por la pérdida de sus capacidades manuales, que la llenaban de orgullo: ahora rompe los objetos, no logra hacer correctamente la comida, se encuentra desprovista de recursos para realizar hasta las tareas más simples. Elige entonces aislarse para evitar alertar a sus relaciones sociales y familiares, pero se muestra preocupada por su trabajo, en el cual sus trastornos comienzan a generarle ciertos problemas. Ella ocupa desde hace un año un puesto de empleada de comercio en un gran negocio especializado en indumentaria y telas de revestimiento de interiores. Este puesto lo encontró dentro de un proyecto profesional de reanudación del empleo, elaborado junto con un trabajo psicoterapéutico iniciado luego de un intento de suicidio ocurrido tres años antes. El trabajo clínico realizado luego de ese intento había conducido a resituar el gesto suicida (ingesta de medicamentos) en el contexto de la transformación de la vida familiar (partida de los hijos del domicilio, regreso a una vida de pareja, ausencia de un proyecto "útil" para realizar, espera ansiosa del envejecimiento, de la enfermedad y de la muerte). La inserción profesional que ocurrió luego contribuyó a sostener una forma de realización personal al poner al servicio de su actividad de trabajo sus competencias y "cualidades femeninas" que habían apuntalado su identidad en las tareas domésticas y familiares. La crisis psíquica actual se inscribe en una evolución de su situación de trabajo por la implementación de reestructuraciones basadas en la polivalencia de los agentes y la flexibilidad de los horarios. Las actividades de las vendedoras y los vendedores se vieron progresivamente

---

transformadas: se esperaba asegurar de manera intercambiable los servicios con la clientela, la gestión de los stocks, pasar los pedidos, realizar el mantenimiento de la ropa y de las telas, reemplazar los colegas ausentes, formar a los nuevos colegas… La imprevisibilidad de las tareas, asociada a la falta de reconocimiento y a la pérdida de autonomía en el trabajo, pesan de manera insistente sobre los trabajadores y contribuye a deteriorar el ambiente y la solidaridad entre colegas. Los trastornos cognitivos que se desencadenan resultan de la parcelación de las tareas que induce un modo de involucramiento psíquico fragmentado: el trabajo por realizar se ha vuelto "irrepresentable". El trabajo de elaboración del movimiento de desestructuración cognitiva a partir de una responsabilización específica (consultas con la psiquiatra centradas en la situación actual de Jeannine y sesiones de relajación) culminarán en la sedación de la sintomatología. Ella finalmente retomará el trabajo luego de una licencia por enfermedad de tres meses, y lo hará progresivamente (medio tiempo terapéutico), en el contexto de un cambio en la organización del trabajo implementado a raíz de la señalización de los problemas mentales hecha por el médico laboral y de la movilización conjunta de Jeannine y de sus colegas frente a la Inspección del Trabajo.

Suicidios e intentos de suicidio

Los suicidios y los intentos de suicidio representan una entidad psicopatológica compleja que plantea cuestiones teóricas y prácticas mayores. A pesar del carácter impulsivo que marca la realización del acto, es frecuente distinguir, en el plano clínico, los intentos de suicidio del adolescente de los del adulto. Los suicidios e intentos de suicidio vinculados con el trabajo, son hoy reconocidos en gran parte debido a su mediatización, y son objeto de una atención particular por parte de los profesionales involucrados en las gestiones de prevención del suicidio.

Los suicidios y los intentos de suicidio en los lugares de trabajo son un fenómeno reciente, iniciado en el transcurso de los años 1990 en la mayor parte de los países occidentales. Durante mucho tiempo, la principal categoría socio-profesional afectada era la de los agricultores (para quienes los hogares y los lugares de trabajo estaban confundidos, y además se veían confrontados a la soledad en el trabajo) pero los suicidios vinculados con el trabajo conciernen de hecho al conjunto de las categorías socio-profesionales.

La mayor parte de los estudios buscan identificar factores de riesgo suicida (siendo el estrés experimentado en el trabajo uno de los factores evocados entre tantos otros), y culminan en la hipótesis según la cual el riesgo de suicidarse varía en función de las categorías profesionales: militares, policías, médicos y enfermeras, o incluso obreros de la industria minera (T. Liu, J.W. Waterbor, 1994; C. Conroy, 1989; Kposova, 1999; R. Tyssen, P. Vaglum, 2002) serían las categorías de empleo para las cuales la tasa de suicidio es más elevada. El desempleo representaría también un factor de riesgo importante en función del acto suicida, debido a la precariedad de las condiciones sociales y materiales que la pérdida de empleo puede generar, pero también por el debilitamiento de la salud mental consecutiva a la pérdida de empleo (E. Lahelma, J. Lönnqvist, 2001; M. Debout, 2002).

Sin embargo, en la mayoría de los países[3] y en particular en Francia, es imposible saber con precisión cuántos suicidios vinculados con el trabajo se producen cada año, en la medida en que no existe un rubro específico en las encuestas epidemiológicas que se refiera a los vínculos entre suicidio y situación profesional.

Se realizó una sola encuesta en el año 2002 en Basse-Normandie, estudio a partir del cual se han propuesto estimaciones para toda Francia (M. Gournay et al., 2004). Se trata de una encuesta por cuestionario realizada entre los médicos laborales, a propósito de casos de intentos de suicidio o de suicidios vinculados con el trabajo en las empresas donde ejercen sus funciones, en el transcurso de los cinco años anteriores. Se identificaron ciento siete casos de suicidios o intentos de suicidio en el lugar de trabajo. Los casos abarcan en su mayoría a hombres de entre treinta y cinco y cincuenta años en el conjunto de los sectores de actividad. Un intento cada cinco habría sido efectuado en el lugar del trabajo, lo que plantea la cuestión del vínculo entre situación de trabajo y suicidio.

A partir de este estudio, se estima el número de suicidios vinculados con el trabajo en Francia en trescientos por año.

Clínica

La discusión etiológica sigue siendo compleja respecto de las afirmaciones referidas a las incidencias de las situaciones de trabajo, de los conflictos personales y familiares, de antecedentes psiquiátricos. El enfoque psicopatológico del suicidio insiste en la vulnerabilidad psíquica que rige el pasaje al acto, que es auto-agresivo. El accionar suicida traduciría la imposibilidad para el aparato psíquico de mantener la cohesión entre las exigencias pulsionales y la presión proveniente de las prescripciones de la realidad externa. Los estudios permiten vislumbrar varios factores de riesgo, siendo los principales (E. Birot, P. Jeammet, 1994; M. Walter, 2001):

- sensibilidad al traumatismo y al desborde por la angustia;
- fallas del Yo y del preconsciente en la elaboración psíquica de los conflictos que se traducen por un recurso preferencial al "actuar";

---

3   En los Estados Unidos, el *Bureau of Labor Statistics* contabilizó 2.170 suicidios vinculados con el trabajo entre 1992 y 2000, lo que representaría el 3,5% de los accidentes del trabajo identificados en este período (http://www.bls.gov/).

- fragilidad narcisista que vuelve el sujeto más vulnerable a la pérdida y a la separación, acompañándose de una idealización de los involucramientos;
- utilización privilegiada de ciertos mecanismos de defensa, que contribuyen a la externalización de los conflictos (escisión, negación, proyección).

El análisis etiológico del gesto suicida se vuelve difícil en la medida en que el pasaje al acto se presenta como un acontecimiento fuertemente ansiógeno tanto para el entorno familiar de la persona fallecida como para los colegas de trabajo. Los diferentes representantes de la empresa se ven muchas veces privados de recursos y muchas veces los ejecutivos y responsables buscan librarse de sus responsabilidades al atribuir el suicidio a ciertas fragilidades o problemas personales. En estas condiciones, las investigaciones son difíciles de realizar y los casos de suicidio en el trabajo son raramente aclarados de manera directa.

Antes del pasaje al acto, pueden darse diferentes elementos:

- un síndrome ansioso-depresivo severo por el cual el trabajador ha consultado a su médico de cabecera o al médico laboral, pudiendo haber necesitado un tratamiento con antidepresivos;
- transformaciones estructurales de la organización del trabajo que culminan en un aumento importante de la carga de trabajo, respecto de la cual el trabajador se ve progresivamente "sobrepasado" (nuevas responsabilidades, negativa de solicitud de traslado por ejemplo). Las señales de alerta hacia las jerarquías, cuando no se quedan sin respuesta, pueden conducir a una retractación o a una retrogradación;
- el acto suicida interviene luego de una fase más o menos larga durante la cual el trabajador intentó enfrentar individualmente la carga de trabajo.

ANÁLISIS

El suicidio, que corresponde al desvío de la violencia hacia sí mismo, es un fenómeno que sigue siendo mal conocido. La mayor dificultad en la etiología del suicida reside en la apreciación del rol del trabajo en la descompensación psicopatológica. Las explicaciones privilegian dos modelos contradictorios:

- la tesis psicogenética o estructuralista, que atribuye la conducta suicida a ciertas fragilidades preexistentes (antecedentes de depresión, tendencias antisociales, conductas adictivas, etc.),
- la tesis sociogenética, que confiere un rol central al *management* y a la organización del trabajo en el desencadenamiento del pasaje al acto.

La tarea del médico clínico consiste en remontar el sentido de la situación para aquellos que trabajan y están implicados en el trabajo real. Cuando el acto suicida se comete en el lugar de trabajo, el trabajo no puede reducirse a un simple factor de riesgo o a un factor "desencadenante" entre otros. En función de la centralidad del trabajo, es el conjunto de la subjetividad la que es atravesada por el trabajo (*cf.* Parte I). En el caso de los suicidios, no se trata precisamente de los individuos más vulnerables en el plano psicopatológico, sino que son personas extremadamente comprometidas e "implicadas" en su trabajo. Es incluso esa capacidad de "administrar" su estrés, de adaptarse a las prescripciones del trabajo e integrarse, lo que les permitió alcanzar objetivos elevados, e incluso excelentes.

La implicación psíquica del trabajo, que está en la esencia misma del desarrollo de las habilidades profesionales (cf. Parte I), tiene su origen en las "vulnerabilidades" o los "fracasos" del desarrollo psicoafectivo particular que pesan, inevitablemente, en el funcionamiento psíquico. Las fallas individuales (rigidez moral, carácter obsesivo, fragilidad narcisista, etc.) están puestas al servicios del compromiso subjetivo en el trabajo y pueden encontrar destinos favorables, beneficiando tanto al sujeto como a la empresa. En el caso del sujeto, se trata de asegurar la conquista de su identidad, al estabilizar las fragilidades narcisistas y las fallas objetales que resultan de su historia infantil. En el caso de la empresa, las características psicológicas de los individuos funcionan la mayor parte del tiempo como una palanca de la fuerza de trabajo. Es por ello que el acto suicida, en el caso de suicidio en el trabajo, no puede imputarse a una estructura psicopatológica particular (funcionamientos límites o estructura psicótica).

La descalificación de la participación y de la contribución brindadas a la empresa (por ejemplo negación de solicitud de traslado, de promoción, de ascenso, reformas de la estructura…) ataca la integridad narcisista del sujeto y esto con una intensidad mayor en tanto no existan signos de solidaridad o de reconocimiento de su situación riesgosa formulados por sus colegas. La empresa no es la que provoca el suicidio, pero al quitarle de manera repentina al sujeto la posibilidad de continuar invirtiendo su subjetividad en su trabajo, genera obstáculos para la economía de las implicaciones psíquicas movilizadas hasta entonces, lo que puede llevar a una crisis psicológica severa, abriendo la vía al proceso de descompensación. El suicidio, como acto desesperado, se asemeja a una salida frente a lo que se presenta como una amenaza para la identidad, debido a la obstaculización de las implicaciones pulsionales en el trabajo.

El proceso de desestabilización desde la empresa y de deserción de las solidaridades es independiente de la calidad del trabajo realizado así como de las competencias movilizadas por el trabajador. El suicidio aparece entonces como la consecuencia de un nivel último de soledad en un contexto de desolidarización de los colectivos de trabajo, conllevando un daño para las estrategias defensivas. El suicidio en el trabajo es la expresión de la desestructuración de la comunidad de trabajo y de los vínculos con el prójimo. Numerosos casos identificados corresponden a trabajadores integrados y adaptados a su trabajo, reconocidos por sus colegas. Los suicidios no corresponden entonces, en la mayoría de los casos, a hechos que impliquen a individuos aislados o apartados de la colectividad, sino que reflejan la soledad afectiva que existe en el seno mismo de la comunidad de trabajo. Esta soledad ha sido teorizada por H. Arendt con el término de desolación (*loneliness*) que consiste en "el sentimiento de inutilidad, de no pertenencia al mundo, el abandono por el otro, el desarraigo, el sentimiento de estar en falta con uno mismo" (S. Courtine-Denamy, prefacio a la obra de H. Arendt, 2001).

Ilustración clínica

La señora V.B. es una mujer de cuarenta y tres años que trabaja como ejecutiva en una empresa de alta tecnología (high-tech) multinacional. Luego de sus estudios en ciencias, realizó una carrera brillante que la condujo a reponsabilizarse del servicio de formación de su empresa. Luego de la adopción de un niño junto con su marido, con el cual ya tiene tres hijas, ella solicitó poder trabajar a tiempo parcial, solicitud que le será acordada pero que será mal vista por su jerarquía. Comenzaron entonces la desestabilización y la negación de su compromiso con el trabajo: se le retiraron sus responsabilidades para confiarle misiones poco calificadas. Ciertas bromas pesadas y maniobras humillantes de descalificación la llevaron a tomar una licencia médica y a seguir un tratamiento ambulatorio por depresión. Al reanudar el trabajo, nuevamente se le asignaron tareas subalternas y que requieren poca calificación. La señora V.B. finalmente se suicidó poco tiempo después tirándose desde lo alto de un puente en las proximidades de su empresa. Dejó una carta a la delegada del Comité d'Entreprise[4], pidiéndole hacer pública su misiva después de su muerte. La historia de este suicidio pone de manifiesto los vínculos de dominación que alimentan la cultura de rendimiento en la empresa y permite discutir la hipótesis de nuevas formas de servidumbre en el trabajo. Los elementos recogidos en el entorno de la víctima dan fe de su implicancia apasionada en su trabajo y de su éxito en las misiones emprendidas. La vida familiar representa también un eje de vinculación afectiva particularmente importante. Una de las características de Madame V.B. antes de su suicidio era ser de una gran exigencia y presentar cierta forma de rigidez moral y psicológica, que le permitía efectuar un trabajo de gran calidad, reconocido como tal por su empleador y sus colegas. Es también lo que la llevó a no ceder a las bromas pesadas y a las humillaciones, una vez que comenzó el infortunio. El punto central del análisis etiológico del suicidio trata entonces sobre la ambigüedad de la vulnerabilidad psicológica de la señora V.B.: sus características psicológicas le han permitido responder a las exigencias de calidad y mantener un rendimiento de alto nivel, pero han acelerado al mismo tiempo la desestabilización psicológica que lleva a la descompensación. La "solución" de poder oponer a la situación crítica un desinvolucramiento del

---

4   ⁴   Nota de la trad.: Institución compuesta por representantes de los asalariados y del empleador, que funciona en las empresas medianas y grandes para ocuparse de los problemas de las obras sociales. Anteriormente comprendía también el funcionamiento de los Comités Mixtos de Higiene y Seguridad.

trabajo fue imposible, en función de la implicancia subjetiva necesaria para poder sobrepasar los obstáculos, soportar las dificultades y encontrar una forma de realización en el trabajo. Un factor suplementario es el análisis de la deserción de los colegas ante la situación de injusticia vivida por la señora V.B: al management que exige la sumisión y la adhesión a los valores del rendimiento y de la autonomía responde a una forma específica de comunidad profesional organizada por una "convivialidad estratégica".

Psicopatología del desempleo

Los trastornos psicopatológicos vinculados a la pérdida del empleo y al desempleo se benefician con el aporte del análisis del vínculo subjetivo con el trabajo. Los estudios sobre los trastornos psicopatológicos vinculados con el desempleo insisten en el rol de la exclusión económica y social que emana de la pérdida de empleo (S. Whul, 1991; A. Touraine, 1982; M. Bungener, J. Pierret, 1994).

Clínica

El cuadro clínico está dominado por la experiencia de la pérdida (A. Raix, 1995): pérdida de empleo, pérdida de salario, pérdida de actividad y de estatus social, pérdida de los vínculos sociales, pérdida del sentimiento de utilidad, etc.

Los movimientos dominantes son los depresivos, que se manifiestan por trastornos del humor y pueden estar asociados a trastornos somáticos, así como a trastornos del comportamiento (crisis clásticas de cólera, agresividad).

Laxenaire, en una publicación antigua (1983) describió diferentes fases que alimentan el cuadro clínico: período de malestar y de inquietud durante los rumores de despido – alivio paradójico en el momento del despido – fases de esperanza en el transcurso de la búsqueda de empleo – período de rencor y de humillación luego de meses de búsqueda infructuosa – fase de expresión médica de la depresión – frecuente "cicatriz" narcisista en situación de reempleo.

La encuesta ESTEV ("Encuesta salud, trabajo y envejecimiento", 1990-1995) revela una sobremortalidad de los desempleados y una correlación significativa suicidio-desempleo para los hombres jóvenes (cf. también R. Franc et al, 1988; A. Philippe, 1988; F. Chastang et al., 1997). El riesgo anual de los decesos en los hombres de treinta y cuatro a sesenta años es tres veces más elevado en el grupo de desempleados respecto del grupo de los activos. La sobremortalidad se multiplica por dos en las mujeres y se acompaña de un "efecto de clase social", el riesgo aumentando también en los sujetos de las clases sociales menos pudientes.

Análisis

Los diferentes estudios clínicos insisten en las repercusiones mayores del desempleo sobre la salud mental en términos de autoestima, vinculado con la pérdida de los soportes sociales, de los puntos de referencia identitarios y relacionales (R. Castel 1995; M. Joubert, 2004; M.C. Llorca, 2004). Para los sociólogos, el desempleo es considerado como un proceso de acumulación progresiva de desventajas (S. Paugam, 2006) debido a la degradación del nivel de vida, el debilitamiento de la vida social y la marginalización respecto de los demás trabajadores.

Los efectos psicopatológicos del desempleo pueden analizarse a partir de la desestabilización de la economía psíquica anteriormente estructurada por el vínculo con el trabajo. La privación de trabajo introduce una ruptura en las implicaciones psíquicas y obstaculiza la dinámica de la sublimación, abriendo la vía a las descompensaciones depresivas y somáticas. Es el conjunto de las implicaciones narcisistas y objetales el que se ve conmocionado, en función del rol central que ocupa el trabajo para la subjetividad (cf. Parte I).

La imposibilidad en la que se encuentra el sujeto de poder aportar su contribución a la sociedad, por medio del trabajo, no representa solamente una pérdida de apuntalamiento susceptible de desestabilizar la economía psíquica (J. Furtos, 2008), sino que lo confronta con el déficit de reconocimiento social mediante la identidad profesional (C. Dubar, 1991), por una parte, y por otra, obstaculiza la construcción de la identidad psicológica estabilizada por la vía del reconocimiento del trabajo (juicios de belleza y de utilidad). La soledad que deriva de todo esto es particularmente dañina en el plano subjetivo. La exclusión profesional puede evolucionar hacia una verdadera desadaptación, incluso una marginalización, tanto más si los dispositivos de acompañamiento basados en una gestión racionalizada del desempleo se muestran impotentes para frenar el desempleo masivo.

La reacción depresiva y el desaliento frente al desprecio social, del cual es objeto el buscador de empleo, contribuyen a retrasar la búsqueda y la recuperación de un empleo, y mantienen la vulnerabilidad psíquica (C. Revuz, 1999).

El impacto del desempleo, y el sufrimiento que éste implica, repercute sobre el conjunto de la dinámica familiar y de las implicaciones psico-afectivas. Las consecuencias sobre el desarrollo psicológico de los niños se traduce en particular por dificultades de transmisión de los valores y de los puntos de referencia simbólicos vinculados con el trabajo (resistencia, esfuerzo, reconocimiento, retribución financiera, emancipación y realización de sí mismo). La movilización de las implicaciones pulsionales en los aprendizajes escolares y en los rendimientos se ven así debilitados. Ocurre bastante a menudo para los jóvenes que la confrontación con el desempleo de sus padres se acompaña de una inversión de los valores del entorno, y favorece el surgimiento de conductas marginales y violencia, en lugar de las reglas y los valores vinculados al trabajo.

III / Intervenciones y perspectivas terapéuticas

10 / Elementos de legislación del trabajo

El derecho del trabajo, que establece las relaciones entre un empleador y un trabajador, le otorga un lugar preponderante a la salud física, con respecto a la salud mental. Aquel está tradicionalmente orientado hacia la protección de los cuerpos en el marco de la confrontación con las condiciones de trabajo. El cuerpo, en tanto herramienta de trabajo, debe preservarse de los riesgos y los daños físicos, para garantizar la "fuerza de trabajo". Las primeras disposiciones, que determinan una concepción de la salud en el trabajo a partir de la referencia a la capacidad física, se refieren a la reglamentación del trabajo de los niños, la protección de la "función reproductora de la mujer", así como la creación de un régimen de reparación de los accidentes del trabajo (L. Le Rouge, 2010).

A raíz del vínculo de subordinación que caracteriza al trabajo, el asalariado no puede ser considerado responsable de su seguridad, la cual corresponde por ende al empleador. La responsabilidad patronal de los accidentes del trabajo ha sido instituida en Francia por ley del 9 de abril 1898 y extendida a las enfermedades profesionales por ley del 25 de octubre 1919.

Las relaciones entre el empleador y el trabajador se caracterizan por el establecimiento de un contrato de trabajo, que reglamenta la disponibilidad de la actividad profesional del trabajador al servicio del empleador, a cambio de una retribución en forma de salario.

Las transformaciones progresivas del trabajo (economía de los servicios, intensificación del trabajo, introducción de las nuevas tecnologías) van acompañadas por una evolución progresiva y reciente de las preocupaciones del derecho del trabajo hacia las cuestiones de salud mental.

La cuestión que se plantea entonces es la de determinar si el derecho del trabajo francés está en condiciones de tratar los riesgos para la salud mental de los trabajadores, riesgos que están asociados a las evoluciones del mundo del trabajo. La concepción del derecho a la salud en el trabajo tiende a poner el acento en la prevención de los riesgos para garantizar la protección y la preservación de la salud humana.

La evolución decisiva del derecho del trabajo hacia las cuestiones de salud mental se inicia a partir de la ley de modernización social del 17 de enero de 2002, ley que introduce la problemática del acoso moral. Antes de ese momento, una directiva europea del 12 de junio de 1989, referida al mejoramiento de la seguridad y la salud de los trabajadores –trasladada al derecho francés en el marco de la ley del 31 de diciembre 1991– había planteado la obligación general para el empleador de prevención de la salud mental de sus asalariados: "la obligación de preservar la salud de los asalariados es una obligación general a cargo del empleador que se extiende tanto en el campode la salud física como en la salud psíquica, y que incluye la obligación del resultado" (artículo L4. 121-1 del Código de trabajo).

Luego del debate público, suscitado en particular por la obra de M.F. Hirigoyen (1998) que trataba las diferentes formas del acoso, las medidas tomadas en el texto de 2002 proponen una definición jurídica del acoso moral en el trabajo: "ningún asalariado debe sufrir acciones repetidas de acoso moral que tengan como objeto o como efecto una degradación de sus condiciones de trabajo susceptibles de causar un impacto nocivo en sus derechos y en su dignidad, alterar su salud física o mental o comprometer su futuro profesional". Son estas condiciones acumulativas (accionar reiterado, impacto nocivo en los derechos y en la dignidad, alteración de la salud física, daños en la salud mental y futuro profesional comprometido) las que conducen a la calificación de acoso moral profesional.

La noción de discriminación (principio de igualdad de tratamiento entre las personas, principio de igualdad de tratamiento entre hombres y mujeres, principio de igualdad de oportunidades) ha sido extendida a la categoría de acoso (moral pero también sexual) mediante la ley del 27 de mayo 2008 (artículo L. 1132-1 del Código de trabajo): "Todo accionar vinculado a uno de los motivos mencionados en el primer párrafo y todo accionar de connotación sexual, sufrido por una persona y que tenga como objeto o como efecto atentar contra su dignidad o crear un entorno hostil, degradante, humillante u ofensivo".

Existen entonces dos definiciones del acoso en el seno del Código de trabajo (L. Le Rouge, 2010):

- La definición de 2002, que supone un accionar repetitivo;
- La definición de 2008, que insiste en el carácter discriminatorio que no supone una repetición.

La ley de modernización social ha tenido igualmente como efecto reforzar el rol de los que realizan prevención en la empresa y, en particular, el rol del empleador. Este último tiene la obligación entonces de garantizar la seguridad y proteger la salud física y mental de los trabajadores (artículo L. 4121-1 del Código de trabajo) por medio de la extensión del dominio de la obligación de seguridad (…) Las medidas de prevención y de protección de la salud en el trabajo tomadas por el empleador se transcriben en un documento único (documento único de evaluación de los riesgos), impuesto por el decreto del 5 de noviembre de 2001. Sin embargo, si este documento único permite determinar los riesgos "físicos" a los cuales son sometidos los trabajadores e identificar las medidas pertinentes para prevenirlos, los riesgos en materia de salud mental siguen siendo en la práctica escasamente identificados.

Estas repercusiones sobre la salud mental se comprenden esencialmente a partir de la categoría de "riesgos psicosociales", que se han convertido en un desafío en el nivel político pero también en el económico luego de la mediatización de los suicidios de trabajadores de grandes empresas. En ausencia de una definición precisa de la noción de riesgo psicosocial, la ANACT (Agencia nacional para el mejoramiento de las condiciones de trabajo) propone distinguir cinco dimensiones que le están asociadas: estrés, acoso moral, violencia, sufrimiento mental, adicciones.

Luego de las negociaciones entre los interlocutores sociales, ciertos acuerdos-marco han sido acordados en el nivel europeo:

* acuerdo-marco del 8 de octubre 2004 sobre el estrés en el trabajo;
* acuerdo-marco del 26 de abril 2007 sobre la violencia y el acoso en el trabajo.

Estos acuerdos han sido luego trasladados al derecho nacional de los diferentes países de la Unión Europea.

En Francia, el acuerdo-marco del 8 de octubre de 2004 ha sido ratificado en el seno del acuerdo nacional interprofesional (ANI) del 2 de julio de 2008, relativo al estrés en el trabajo y extendido por un decreto ministerial del 23 de abril 2009 ("Plan de urgencia para la prevención del estrés en el trabajo"). Las empresas de más de mil asalariados han sido sometidas así a la obligación de negociar bajo pena de sanción. La falta de cumplimiento de la obligación de prevención por el empleador está sancionada en los planos civil y penal. La obligación patronal de seguridad del resultado implica desde entonces la responsabilidad en el marco de lo contencioso en materia de riegos psicosociales: "el empleador tiene la obligación, respecto de su personal, de mantener una seguridad de resultado que le impone tomar las medidas necesarias para mantener la seguridad y proteger la salud de los trabajadores" (Corte de casación, 5 de marzo 2008, n° 06-45.888). La obligación de resultado se considera con respecto a la aplicación de los principios de prevención (medidas de información, de formación, de puesta a disposición de los medios) extendidos a la organización del trabajo.

El derecho francés de la Seguridad social reconoce a la enfermedad profesional según un doble dispositivo:

* el primer dispositivo, fundado en 1919, se basa en las clasificaciones de enfermedades profesionales, a partir de la referencia a estudios epidemiológicos que ponen de manifiesto "la frecuencia anormal de una patología en los trabajadores que presentan el mismo perfil, ya sea debido al trabajo efectuado,

o a los materiales o herramientas empleados" (M. Badel, 2009). La evolución lenta de estas clasificaciones, basadas en las lesiones físicas, no le otorga ningún lugar al trastorno psíquico *stricto sensu*;

- el segundo dispositivo, elaborado en 1993, reconoce la prueba del carácter profesional de la enfermedad, cuando ésta no suscribe los criterios de las clasificaciones, en caso de que se pueda establecer que "está directamente y esencialmente causada por el trabajo habitual de la víctima, y que conlleva el fallecimiento o una incapacidad permanente de por lo menos 25%" (M. Badet, op. cit.). Tiene que considerarse el procedimiento de reconocimiento por la CPAM (Caisse Primaire Assurance Maladie) y por intermedio del Comité Regional de reconocimiento de las enfermedades profesionales.

La indemnización por riesgos profesionales obedece a principios específicos y contiene prestaciones en especie (que deben permitir a la víctima comenzar con los cuidados necesarios para recobrar sus aptitudes físicas y profesionales) y prestaciones en efectivo (indemnizaciones por día, pagadas durante la incapacidad temporaria o permanente, indemnizaciones funerarias y pensión en caso de fallecimiento de la víctima).

La reparación complementaria puede ser considerada cuando el riesgo profesional se debe a la intervención de un tercero, cuya acción pueda calificarse como falta intencional o falta inexcusable:

- la falta intencional del empleador o de un encargado de la víctima "supone un acto cumplido con la intención de causar lesiones corporales y no resulta de una simple imprudencia, por grave que pueda ser" (Soc. 13 enero 1966, *Bull.* IV, n°63);
- la falta inexcusable del empleador o del sustituto en las responsabilidades está fundada en cinco elementos constitutivos: acto u omisión voluntaria, de excepcional gravedad, cometido con la conciencia del peligro, desprovisto de causa justificativa, y causa determinante del riesgo profesional.

Luego de los decretos "amianto" de 2002, la falta inexcusable ya no corresponde solamente a la causa explicativa del accidente, sino que el empleador queda sometido, en virtud del contrato de trabajo, a una obligación de seguridad de resultado hacia el trabajador: "cuando tuvo o debería haber tenido conciencia del peligro al cual era expuesto el asalariado y no tomó las medidas necesarias para preservarlo".

En el marco de la obligación de seguridad de resultado, el empleador puede entonces ser sancionado por el régimen de la falta inexcusable. Un giro importante en los vínculos entre clínica del trabajo y evolución del derecho se inició a raíz de un caso reciente de suicidio en el trabajo. La sentencia dictada por el Tribunal de Asuntos de la Seguridad Social de la región Hauts-de-Seine el 17 de diciembre 2009 (Asunto Touzet contra la CPAMy la sociedad Renault SA), y confirmado por la Cámara de Apelaciones de Versailles el 19 de mayo de 2011, reconoció que la organización del trabajo contenía riesgos para la salud y la seguridad de los trabajadores y concluyó con la falta inexcusable del empleador. El recurso, por el empleador, a medios de prevención de los riesgos para la salud y la seguridad no alcanza, sino que debe asegurarse que no ocurran accidentes o enfermedades profesionales. La falta inexcusable se basó en la prueba de que (H. Tessier, 2011):

- el trabajador estaba expuesto a condiciones de ejercicio profesional peligrosas;
- esas condiciones eran peligrosas para su seguridad o su equilibrio psicológico;
- el empleador tendría que haber conocido el riesgo corrido por el asalariado;
- no tomó las medidas para protegerlo del mismo.

El contexto de exigencias importantes de rentabilidad que pesan sobre los trabajadores, el deterioro progresivo de la salud de la víctima (certificada por la identificación de factores vinculados a la situación personal del trabajador por una parte y a la organización del trabajo, por otra) tendría que haber alertado al empleador del peligro corrido. La demostración del vínculo causal entre organización del trabajo y suicidio se basa en la selección de elementos determinantes y la interpretación de los hechos concernientes al riesgo colectivo soportado por el conjunto de los trabajadores. Este argumento llevó al tribunal a desestimar la tesis de la vulnerabilidad individual (síndrome ansioso-depresivo que precede al pasaje al acto suicida) y a considerar el acto de la víctima como una "expresión individual de un riesgo sobrellevado colectivamente".

Aunque la categoría "riesgos psicosociales" no se basa en una definición jurídica precisa, para algunos juristas que intervienen en cuestiones de protección de la salud mental en el trabajo, las problemáticas asociadas a los riesgos psicosociales podrían encontrar respuestas jurídicas, en particular en función del principio del "derecho a la dignidad" (L. Le Rouge, 2009).

11 / Reinserción y readaptación mediante el trabajo

Los principios de readaptación por el trabajo se sitúan en los orígenes de la historia de la psicopatología del trabajo (cf. Parte I). El vínculo con el trabajo puede revestir una función estructurante para la identidad y contribuye a la estabilización de trastornos psicopatológicos. En algunos pacientes psicóticos, la implicación subjetiva en el trabajo puede contribuir por ejemplo a contener la vivencia alucinatoria, calmar la agitación y favorecer el mantenimiento con la realidad. El efecto transformador del trabajo sobre la organización mental psicótica requiere algunas condiciones:

- el sujeto debe poder "recuperar" en provecho de su identidad lo invertido en el trabajo;
- debe poder beneficiarse con una actividad "adaptada" a su patología.

A partir de la ley del 11 de febrero de 2005, las estructuras de ayuda por el trabajo (centros de ayuda por el trabajo [CAT] se han reunido bajo el apelativo ESAT (establecimientos de servicio y de ayuda por el trabajo) y tienen por objetivo proponer una actividad profesional adaptada a personas discapacitadas (trastornos mentales, deficiencias intelectuales, discapacidades físicas y sensoriales) de más de veinte años, así como un apoyo psicológico, social, médico y educativo. Estos establecimientos reciben a personas orientadas por las comisiones de los derechos y de la autonomía de las personas discapacitadas (CDAPH que reemplazan a las comisiones técnicas de orientación y de reclasificación [COTOREP]) debido a su capacidad profesional "inferior a un tercio de la normal".

El ESAT debe "contribuir a la inserción profesional y social por el trabajo de personas discapacitadas, que tengan una incapacidad duradera o momentánea para ejercer una actividad profesional en un ámbito habitual de trabajo. Los trabajadores están estrechamente asociados a esta gestión, volviéndose así actores de su propia evolución". El objetivo es preparar y sostener una integración en un medio habitual de trabajo, cuando esto pueda ser posible. Los trabajadores que sufren trastornos psíquicos necesitan una contención terapéutica específica, cuyas modalidades son difíciles de circunscribir (C. Bouvet, R. Alegre, 2010): autoestima, "satisfacción de vida" y apreciación de la vivencia depresiva serían indicadores pertinentes para dar cuenta de los efectos terapéuticos del compromiso en el trabajo.

En la práctica, los equipos asocian a profesionales del sector médico-social (asistente social, psicólogo, médico) y profesionales con competencias técnicas específicas (instructor, instructor-educador) para formar y acompañar a los trabajadores al reincorporarse a las actividades de producción.

Privilegiar una política de reinserción supone movilizar los esfuerzos dirigidos a la conservación del empleo y de la autonomía financiera, con el riesgo de dejar afuera la cuestión del trabajo y sus desafíos psíquicos. En efecto, para seguir presentes en el mercado económico, los ESAT compiten con las empresas para negociar los contratos que sostienen la actividad de producción. Esta situación genera contradicciones entre las lógicas de producción, que imponen un ritmo de trabajo sostenido en los talleres, y los principios de la reinserción por medio del trabajo. El contexto social opone una "rigidez" que resiste a los objetivos de la reinserción y pesa sobre la situación de los trabajadores comprometidos en un proceso de conquista de la identidad en situación de trabajo (D. Dessors, C. Jayet, 1990). Este sistema contribuye en realidad a acentuar las dificultades de acceso al mercado de trabajo y al mantenimiento en el empleo de los trabajadores que presenten discapacidades o trastornos psíquicos severos, una degradación de las condiciones relativas al trabajo de los coordinadores y genera un sufrimiento importante tanto para los profesionales de los ESAT como para los trabajadores allí recibidos.

12 / Dispositivos institucionales

Consultorios por sufrimiento en el trabajo

Desde hace algunos años se organizaron consultorios especializados en la cuestión de la salud mental vinculada al trabajo, por iniciativa de profesionales de la salud confrontados con las consecuencias psicopatológicas de las nuevas formas de organización del trabajo. Este proceso se inició mediante la creación de la *Association mots pour maux au travail* (Asociación Palabras para males en el trabajo), en 1997, cuyo objetivo era impulsar reflexiones sobre el sufrimiento en el trabajo y las dificultades encontradas por los profesionales que se desempeñan en esas áreas, con el fin de poner en práctica dispositivos de contención, pero también de prevención. Esta asociación contribuyó de manera activa al debate y a la evolución de la legislación sobre el acoso moral en el trabajo. La dinámica de trabajo multidisciplinar llevó a algunos profesionales (médicos del trabajo, psicólogos) a propiciar la implementación de lugares específicos de consulta para recibir trabajadores con dificultades[1]. Estas unidades de consulta reciben pacientes que presenten trastornos psicopatológicos vinculados al trabajo, de los cuales gran parte consulta por patologías de acoso en el trabajo.

Las unidades de consulta están ubicadas en servicios hospitalarios, servicios de salud en el trabajo o instituciones de cuidados (Institut Paul Sivadon), y se basan en un trabajo en red interdisciplinar, movilizando a diferentes especialistas del trabajo (médicos del trabajo, psicólogos, psicoanalistas, abogados y juristas, médicos generalistas, psiquiatras…). La misión principal de estas unidades consiste en el cuidado brindado a los pacientes derivados por su médico de cabecera, el médico del trabajo, el psiquiatra o a veces incluso el psicólogo clínico. Se trata, para el profesional, de establecer un juicio sobre la situación actual del trabajador y de plantear una indicación diagnóstica, permitiendo así implementar una contención a más largo plazo, a partir de una concertación pluridisciplinar. Las unidades de consulta apuntan a comprender y apreciar las repercusiones de la organización del trabajo sobre el funcionamiento psíquico.

Servicios hospitalarios de patologías profesionales

La actividad de los servicios de patologías profesionales y de readaptación está organizada en torno de la identificación de enfermedades de origen profesional (accidentes/patologías profesionales) y de su contención. En el seno de algunos servicios, ciertos profesionales abrieron unidades de consulta especializadas destinadas a los trabajadores que presenten trastornos psíquicos (patologías por el acoso, depresiones, agotamiento profesional, etc).

En el marco de su ejercicio, el rol de los médicos es el de diagnosticar la aptitud médica de los trabajadores en su puesto de trabajo. El recurso a la "incapacidad" permite suspender el vínculo con el trabajo, en particular en los casos de acoso. El aviso de incapacidad planteado por el médico está motivado por la apreciación del peligro para la salud o la seguridad del trabajador vinculado al mantenimiento en el puesto de trabajo. Este aviso de incapacidad representa una solución a corto plazo que casi siempre ocurre luego de una o varias licencias por enfermedad y supone emprender, junto con el trabajador, una perspectiva de reclasificación o de reorientación en un nuevo proyecto profesional, cuando no se puede considerar la reclasificación en la empresa.

Medicina del trabajo y servicios de salud en el trabajo

La organización de la profesión de médico del trabajo se remonta a la ley del 28 de julio de 1942 durante el régimen de Vichy, que establece la obligación de la medicina del trabajo en las empresas de más de cincuenta trabajadores. Es en el momento de la Liberación, junto con la ley del 11 de octubre de 1946, cuando se instauraron las misiones del médico laboral para la prevención de las enfermedades profesionales y de los accidentes del trabajo (S. Buzzi et al., 2006).

La medicina del trabajo es una medicina esencialmente preventiva que concierne a la salud y a la seguridad de los trabajadores.

Una reforma estructural de la medicina del trabajo ha comenzado desde 2002. La ley de modernización social de 2002 transformó, en efecto, los servicios de medicina del trabajo en servicios de salud en el trabajo, volviendo obligatorio el enfoque pluridisciplinar (ergonomía, sociología, ingeniería de la seguridad y psicología, culminando con la creación en particular de puestos de psicólogos del trabajo en el servicio de salud en el trabajo). Esta transformación se sitúa en el contexto de las directivas europeas que tratan la gestión y la prevención de los riesgos.

13 / Enfoque psicoterapéutico de los pacientes que sufren trastornos psíquicos vinculados con el trabajo

En este capítulo, solo analizaremos la dimensión que corresponde específicamente al trabajo en el procedimiento psicoterapéutico. La construcción de la identidad, que está en el fundamento de la salud mental individual, se juega en efecto en dos campos: en el campo erótico, por una parte, y aquí la construcción de la identidad pasa por el amor; en el campo social, por otra parte, y allí la construcción de la identidad pasa por el trabajo (*cf.* Parte I). Ambos campos de construcción (erótico y social) de la identidad son completamente diferentes y están organizados en función de lógicas específicas (el amor y el trabajo) opuestas en todo. Esta diferencia esencial entre las dinámicas que estructuran ambos campos no implica sin embargo una independencia entre los mismos. Lo que ocurre en uno de los campos puede tener consecuencias en el otro. De manera tal que los conflictos que surgen en la esfera del trabajo pueden afectar la esfera del amor, y recíprocamente. En algunos casos, sin embargo, se nota una suerte de impermeabilidad entre ambas esferas. Sin embargo, esa separación carece de rigidez: la establece intencionalmente el sujeto y esta impermeabilidad tiene una función específica en la organización mental. Se la puede describir como un "clivaje del Yo"; es decir como un dispositivo que permite de alguna manera la coexistencia, en el interior de una misma personalidad, de dos modos de funcionamiento psíquico que se despliegan, a espaldas uno del otro. Un sujeto, que manifiesta una personalidad sensible y generosaen su vida privada y familiar, funciona en el trabajo como una verdadera bestia que no duda en maltratar a sus colegas o sus subordinados. Pero la fórmula inversa existe también: un sujeto particularmente servicial y solidario en sus relaciones profesionales se revela como un monstruo o un tirano en la esfera doméstica. Este doble funcionamiento de tipo *Dr. Jekyll y Mr Hyde* no será estudiado aquí, porque plantea problemas de técnica psicoterapéutica demasiado complejos para ser abordados en el marco de esta obra. Solo nos remitiremos entonces al caso más común, en el cual las dos esferas del amor y del trabajo, si bien están diferenciadas, tienen efectos recíprocos una sobre otra.

Dos principios guían el proceder psicoterapéutico:

- el análisis del vínculo subjetivo en el trabajo es una vía de acceso al conocimiento del paciente y a su funcionamiento psíquico;
- para tener acceso al vínculo subjetivo en el trabajo, es necesario remontar hasta lo real del trabajo y el sufrimiento que genera; y no es posible abordar la exploración de las relaciones entre los individuos tales como se las considera en la clínica convencional (hay que examinar de qué manera el vínculo con el trabajo contribuye a estructurar las relaciones entre los individuos).

Organización del trabajo

Sabemos que las prescripciones organizacionales, de una manera electiva, son las que cuestionan la organización mental y el funcionamiento psíquico del paciente. Es por ello que conviene empujar la investigación hasta que el paciente hable del desajuste entre las prescripciones que enmarcan al trabajo y el trabajo efectivo que realiza (desajuste entre la tarea prescrita y la actividad real). Lo importante es captar lo que obstaculiza al control técnico, lo que molesta en el camino a recorrer para alcanzar el objetivo fijado. El médico clínico no puede remitirse a lo que conoce en general de esta profesión de la cual le habla el paciente. Tiene que esforzarse, por el contrario, en captar de qué manera el paciente piensa personalmente y específicamente su vínculo con las dificultades de la tarea. Y es conveniente orientar principalmente la investigación sobre el vínculo individual con lo real.

Cooperación

Solo en una segunda instancia es útil comprender de qué manera los demás interfieren con los esfuerzos realizados por el paciente. ¿De qué manera intervienen los superiores jerárquicos? ¿Cómo los colegas actúan, reaccionan, cooperan o eluden, cómo se construyen, mantienen o destruyen las relaciones de confianza? La cooperación no es solamente un "trabajar juntos" con los colegas del mismo nivel jerárquico. Implica también a los jefes. Es por ello que es útil precisar si la jerarquía se remite a un *management* entre prescripción y contrato por objetivo, por una parte;a una medida del rendimiento acompañado de amenazas sobre los premios,las mutaciones o el empleo,por otra parte; o si al contrario la jerarquía aporta una ayuda, o incluso una asistencia técnica cuando el paciente choca con ciertas dificultades en el ejercicio de su trabajo profesional. La forma concreta de la cooperación vertical juega un rol importante en el sufrimiento, tanto como en el placer en el trabajo (entre desprecio y reconocimiento).

Evaluación

Se sabe que hoy, a raíz de las nuevas formas de organización del trabajo y de gestión, la *soledad* en un entorno social hostil se ha vuelto uno de los elementos mayores en la génesis del sufrimiento en el trabajo y en la desestabilización del equilibrio psíquico. Por ello es importante prestarles atención a los cambios y a la naturaleza de esos cambios, que han sido eventualmente introducidos en los métodos de organización del trabajo, en las exigencias de tiempos y de objetivos, en las formas de gestión, y sobre todo en los métodos de evaluación usados dentro de la empresa. El interés debe ponerse especialmente en la manera en que el paciente tiene éxito o bien fracasa en el momento de pensar los desajustes inevitables entre el "trabajar" (es decir la experiencia subjetiva de las dificultades ocasionadas por lo real del trabajo y su superación) por una parte, y por otra en las formas, métodos instrumentos y dispositivos de evaluación.

Sufrimiento ético

El sufrimiento ético es actualmente uno de los principales eslabones intermedios puestos en duda por la etiología de las descompensaciones psicopatológicas. Es conveniente, para apreciar su impacto, investigar en un primer lugar la calidad de la movilización y de la implicación subjetivas del paciente en su trabajo, en su profesión, en su empresa o su administración, y eventualmente en su vínculo con los clientes o con los usuarios, es decir con los destinatarios de su prestación, cuando se trata de una actividad de servicio. Todas las profesiones implican algunas reglas técnicas que sirven de referencia al trabajo bien hecho. Más allá del trabajo de calidad se perfilan la conciencia profesional, la ética de la profesión o inclusive lo que se designa con el término "ethos profesional". En muchos casos, en la actualidad, bajo el efecto de las exigencias de gestión ejercidas sobre los profesionales de oficio, se ha vuelto inevitable hacer el trabajo "a las apuradas", traicionar las reglas del arte, incluso perjudicar al destinatario de la prestación. Más allá de la traición de las reglas profesionales, se adivina la traición a sí mismo, la participación en actos o en prácticas que el sentido moral del paciente desaprueba. Cuanto más se haya implicado y movilizado subjetivamente el paciente en su trabajo, más nociva se vuelve esta traición del ethos profesional para el funcionamiento psíquico. Es importante analizar detalladamente las inconstancias y respuestas escurridizas de la jerarquía, las formas diversas de infortunio, de "darse vuelta" de la dirección llegando hasta la desestabilización metódica del trabajador, pero negándose deliberadamente a dejarse llevar por la demonización de la dirección. Lo que se trata de comprender en un proceso de acoso del cual sería víctima el paciente, es a lo que apunta la gerencia: una determinada manera de trabajar del paciente, un cierto apego a las reglas, una conciencia profesional, antes apreciada y valorizada, hoy perseguida y condenada. Dicho de otra forma, detrás del acoso y las injusticias de las que se queja el paciente, le corresponde al médico clínico remontar hasta las apuestas de la dominación para la empresa. Sin este análisis, ninguna reapropiación de la situación será posible para el paciente.

Género

Las relaciones de género, es decir de dominación de los hombres sobre las mujeres, juegan a menudo un papel importante en las discriminaciones y las formas de injusticia de las que se quejan los pacientes. Pero la elaboración de estas relaciones dominación-servidumbre es muchas veces rudimentaria, en particular en el caso de las mujeres que llegan a la consulta luego de un recorrido plagado por largo tiempo de discriminaciones, descalificaciones y humillaciones alimentadas por la dominación de los hombres.

Esfera privada

Las incidencias del vínculo subjetivo con el trabajo sobre la esfera privada merecen ser investigadas sistemáticamente. ¿Cuáles son la consecuencias de las exigencias de trabajo sobre las relaciones conyugales hasta, e inclusive, en la vida amorosa y sexual? Las incidencias del vínculo con el trabajo sobre la economía de las relaciones íntimas y el vínculo con el cuerpo son mucho más importantes que lo que cree el sentido común. Muchas dificultades y conflictos de la vida familiar están en efecto sobredeterminados por las incidencias de las exigencias de trabajo sobre el funcionamiento psíquico completo; ya que para no desestabilizar un compromiso psíquico difícilmente construido con las restricciones de trabajo , muchos sujetos entran en conflicto con sus allegados, cónyuges e hijos. Entran también en conflicto con los amigos, ya que es muchas veces a propósito de posiciones en relación con el trabajo que surgen desacuerdos, rápidamente conflictos, e inclusive rupturas entre ellos. (Para mayor precisión sobre la investigación de estas relaciones entre vínculo subjetivo en el trabajo y sexualidad, nos remitiremos a la *"observación de la Señorita Mulvir"* [C. Dejours, 1996]).

A la inversa, es interesante apreciar la manera en que la economía de las relaciones en la esfera privada interfiere en los esfuerzos psíquicos del paciente para asumir las exigencias organizacionales de su trabajo. A veces, se beneficia con una ayuda, de un sostén, incluso una verdadera solidaridad por parte de sus allegados. Otras veces, por el contrario, son las dificultades o modificaciones que surgen en la economía doméstica las que desestabilizan este vínculo subjetivo con el trabajo. El nacimiento de un hijo suplementario puede incomodar considerablemente a una mujer en su vínculo con el trabajo (más que a un hombre, en función de los vínculos de género), el nacimiento de un hijo discapacitado o, la aparición de una leucemia en uno de los hijos, puede volver más dificultosamente

     Christophe Dejours e Isabelle Gernet / PSICOPATOLOGIA DEL TRABAJO

soportables los conflictos en la esfera profesional, o los contratos de objetivos demasiado elevados, etc.

Esfera profesional

La investigación del vínculo subjetivo en el trabajo es incompleta, y por ello arriba a conclusiones erróneas, si solo se remite al vínculo actual con el trabajo. Numerosos pacientes que consultan atraviesan efectivamente un período de desestabilización psíquica, incluso de crisis. Pero muchas veces, tienen un pasado profesional de larga trayectoria. ¿De qué manera jugaba ese vínculo antes del período actual? Muchas veces estos mismos trabajadores que se descompensan han tenido, antes de la crisis, un vínculo feliz o al menos "satisfactorio", es decir un vínculo de eficacia, en su trabajo. En todo caso, han dado satisfacción. Han hecho prueba de inteligencia, de celo, de perseverancia, etc. ¿Cómo es, entonces, que han entrado en crisis? Saltará a la luz que lo que hoy, en función de la crisis, se revela como ciertas fragilidades o una vulnerabilidad psicológica a la depresión, a la violencia o a la interpretación delirante, es precisamente lo que hacía de este paciente, un trabajador particularmente hábil.

Puede que sea porque, siendo joven, haya tenido que enfrentar la enfermedad mental de un pariente –que lo fragilizó efectivamente en el plano psicológico– que un psiquiatra o un psicólogo encuentre la energía de luchar una vida entera contra las enfermedades mentales. Sucede que el trabajo clínico en psicopatología se ha vuelto para él una ocasión de superar los efectos de las heridas de su infancia. En otros términos, es su propia vulnerabilidad psicológica lo que está en el origen de sus habilidades y de su inteligencia en el trabajo.

De la misma manera, es porque se ha topado con el uso de drogas y con la violencia, junto con fuertes tendencias a la delincuencia, que tal hombre o mujer joven, al ingresar en la policía, desarrolla talentos y competencias excepcionales en términos de calma y de autocontrol en el terreno. La investigación clínica, al remontarse por esta vía a esas fallas en los fundamentos de las mejores habilidades y talentos de oficio, permite acceder a las raíces mismas de la sublimación y al análisis del rol que le compete a esta última en la construcción de la identidad, y en el lugar del trabajo, respecto de la realización personal y la salud mental del paciente. Se comprende entonces con mucha más precisión lo que está implicado en la desestabilización y en la crisis psicopatológica en el momento actual.

También se podría analizar de más cerca, en un trabajo psicoterapéutico a largo plazo, el impacto de las restricciones profesionales no solamente sobre el desarrollo y la revelación de las habilidades profesionales, sino sobre la manera en que estas restricciones funcionan como "exigencia del trabajo impuesto al psiquismo" del paciente, por el hecho de la relación con lo real; exigencia de trabajo que le ordena de alguna manera al funcionamiento psíquico evolucionar, transformarse, rehacerse en su arquitectura pura, para que puedan aparecer y estabilizarse nuevas habilidades que no ocurrirán sin ese trabajo consigo mismo, al cual se presta el paciente en el propio transcurso de la psicoterapia, y eventualmente gracias a ella (para más detalles sobre esta cuestión difícil, nos remitiremos a la obra de Dejours C., [2009]. *Trabajo vivo. Tomo I Sexualidad y trabajo*. Capítulo VIII).

¿Reconocer la injusticia?

Muchos pacientes llegan a la consulta médica con la impresión de ser rechazados, desacreditados, humillados, no reconocidos. La vivencia de paria en un medio de trabajo hostil conduce al paciente a solicitar el reconocimiento de su sufrimiento, por una parte, de la injusticia, por otra parte, de su estatus de víctima, finalmente.

No se puede ceder a esta demanda directa del paciente si la intención es emprender un trabajo psicoterapéutico. Orientar la investigación sobre el vínculo subjetivo con el trabajo, escuchar lo real del trabajo, esforzarse por comprender la naturaleza de las dificultades técnicas y profesionales con las cuales lucha el paciente, no es otra cosa que una marca evidente de interés por la situación del paciente. La curiosidad del profesional, en tanto continúa siempre y deliberadamente en el intento por comprender lo que está en juego en el sufrimiento del paciente, es la única postura de acuerdo con las reglas del trabajo analítico, pero es también la vía más segura de un "reconocimiento" que funciona, sin ser por ello enunciado, ni verbalizado.

Todo lo que se ha reunido aquí solo constituye un esbozo de los principios de la investigación y del manejo del vínculo psíquico con el trabajo, para aplicar en el seguimiento psicoterapéutico de los pacientes que consultan por trastornos psíquicos relacionados con su situación de trabajo.

Más allá de todo, esta clínica no es estrictamente una clínica especializada. El vínculo con el trabajo, como con la pérdida de un trabajo o con el desempleo, surge en la palabra de todos los pacientes, o casi todos. Es probable que por la presión de la demanda en psicopatología del trabajo, con la evolución de las prácticas y de las modalidades de investigación y de tratamiento, sea todo el cuerpo psicoterapéutico y psicoanalítico el que deba, *nolens volens*, ampliarse y profundizarse.

14 / Los actores comprometidos en las cuestiones de psicopatología del trabajo

Médico laboral

El médico laboral tiene la misión de asesorar al empleador, al trabajador, como a los representantes del personal con respecto a la prevención de la salud en el trabajo. El marco de ejercicio de esta misión corresponde al ámbito de la prevención terciaria[2] y concierne a la declaración de las enfermedades profesionales.

El médico representa un interlocutor privilegiado para las cuestiones de salud mental vinculadas al trabajo, debido a su posición específica en la empresa (o en los servicios interempresas) que lo llevan a encontrarse con el conjunto de los trabajadores y participar del CHSCT. En el caso de descompensaciones psicopatológicas vinculadas al trabajo, el médico del trabajo, contrariamente al médico de cabecera o al médico psiquiatra, dispone de elementos relativos a la organización del trabajo. La aclaración de los vínculos entre salud mental y trabajo se basa esencialmente en el análisis de cuatro dimensiones (V. Arnaudo, 2008):

- la salud individual;
- el trabajo (actividad real, evoluciones organizacionales);
- la dimensión del colectivo de trabajo (otras descompensaciones);
- la historia del colectivo de trabajo (evoluciones de la organización del trabajo, del estatus de la empresa).

Las especificidades del ejercicio del médico de trabajo en la empresa lo llevan a ocupar un lugar central en el dispositivo de vigilancia médica en salud mental en el trabajo. La acción del médico del trabajo comprende, en primer término, la "visibilización" de los problemas de salud en el trabajo en el espacio público (N. Sandret, D. Huez, 2008), a partir de la identificación de los efectos de la organización del trabajo sobre los trabajadores que tiene a su cargo. El médico del trabajo puede recurrir al alerta médico, que expone las dificultades de realización del trabajo que él mismo identificó, para llegar a un debate de las cuestiones relativas a la organización del trabajo en el seno de la empresa.

Comité de higiene, seguridad y condiciones de trabajo (CHSCT)

El comité de higiene, seguridad y condiciones de trabajo (CHSCT) es una institución representativa del personal, obligatoria en todos los establecimientos que cuenten al menos con cincuenta trabajadores. Se encarga de la protección de la salud y de la seguridad, así como del mejoramiento de las condiciones de trabajo de los asalariados. La reglamentación de los CHSCT ha sido codificada en los artículos L. 4611-1 a L. 4614-16 del Código de Trabajo. El comité tiene una misión general: "contribuir a la protección de la salud física y mental y de la seguridad de los asalariados del propio establecimiento y de aquellos puestos a su disposición por una empresa extranjera proveedora o subcontratista, incluyendo los trabajadores temporarios, así como al mejoramiento de las condiciones de trabajo, especialmente para facilitar el acceso de las mujeres a todos los empleos y responder a los problemas vinculados con la maternidad. Tiene igualmente como misión garantizar la observación de las prescripciones legislativas y reglamentarias adoptadas en estos temas" (art. L. 236-2, al. 1 del Código de trabajo).

Los miembros del CHSCT (deliberativos y consultivos) son designados por dos años por un colegio compuesto por representantes del personal y miembros del *comité de empresa*. Los miembros deliberativos habilitados para tomar decisiones respecto del funcionamiento de esta instancia están compuestos por representantes del personal y el presidente (designado por la direcccion de la empresa). Los miembros consultivos, que aportan un esclarecimiento especializado sobre los temas tratados, están compuestos por el jefe de servicio de seguridad, el médico del trabajo, los representantes sindicales en el CHSCT, los miembros de derecho (como el inspector del trabajo y el ingeniero-asesor del servicio de prevención de la CRAM [referente de la Caja Regional de Seguro por Enfermedad para las cuestiones relativas a los accidentes de trabajo y a las enfermedades profesionales]), así como los invitados calificados (enfermera laboral, asistente social por ejemplo).

La ley de modernización social del 17 de enero de 2002 amplió las competencias del CHSCT, que en materia de riesgos psicosociales, se despliega según dos ejes (P. Adam, 2009):

- derecho del CHSCT a ser consultado por el empleador en algunos proyectos;
- derecho del CHSCT a recurrir a una experticia externa a la empresa, cuando se identifica un riesgo grave para la salud o la seguridad de los asalariados en el establecimiento.

La estructura paritaria del CHSCT representa una instancia privilegiada de deliberación y de acción en materia de mejoramiento de la organización del trabajo. Los miembros del CHSCT pueden hacer uso de su derecho a declarar la alerta en caso de peligro grave e inminente, y están habilitados a efectuar encuestas en materia de accidentes y de enfermedades profesionales (R. Saada, 2003). Sus competencias se pueden extender, desde 2002, a las cuestiones de salud mental.

La formación de los miembros del CHSCT representa actualmente un desafío desde el punto de vista de la acción sobre la organización y las condiciones de trabajo.

Sindicatos

En el marco del debate actual sobre los riesgos psicosociales, los actores sociales se sitúan como interlocutores privilegiados, a pesar de que las cuestiones de salud mental hayan sido objeto de un desinterés relativo de su parte, a raíz sobre todo de su dimensión individualizante. El riesgo de psicologización de los vínculos entre salud y trabajo conducirían a relegar la consideración de los riesgos físicos y las enfermedades profesionales (*cf.* el debate sobre los cánceres profesionales, S. Platel, 2009) a un segundo plano, al limitar la atención a las problemáticas de "sufrimiento en el trabajo". El discurso de deslegitimación del poder explicativo y de la incidencia política del sufrimiento son objeto de debates, tanto en la esfera pública como en los ámbitos científicos (E. Renault, 2009).

Sin embargo, el hacer visbles los problemas de salud vinculados con el trabajo, así como la responsabilidad de los accidentes del trabajo y de las enfermedades profesionales, representa un desafío central para los actores sociales y es objeto de controversias sostenidas con las direcciones de las empresas. La preocupación de los actores sociales es situar los debates y las cuestiones relativas al sufrimiento y a la salud mental en el terreno colectivo, como lo indica por ejemplo la creación del "Observatorio del estrés y de las movilidades forzadas" en 2007, luego de los suicidios de trabajadores de la empresa Orange, y por iniciativa de los sindicatos Sud y *Confédération Génerale des Cadres* (CGC).

Parece que el tratamiento de las cuestiones de psicopatología del trabajo está estrechamente articulado con los recursos teóricos movilizados por los actores del campo, para sostener la instrucción y la argumentación de los vínculos entre organización del trabajo y salud mental. Un ejemplo interesante se aborda en la presentación de la evolución de los debates respecto del sufrimiento psíquico de los trabajadores de EDF-GDF entre 1985 y 2008, en el seno de la Instancia nacional técnica y representativa del CNHSCT (Comité Nacional de Higiene, Seguridad y de las Condiciones de Trabajo) (M. Benquet et al., 2010). Si la cuestión del sufrimiento psíquico pudo constituir un argumento de peso en el debate sobre la responsabilidad del trabajador y del empleador en los accidentes de trabajo, en particular a propósito de los casos de suicidios de los asalariados, la evolución del debate en términos de "riesgos psicosociales" contribuye a situar el sufrimiento psíquico sobre el plano del riesgo evaluable, lo que desplaza los términos del debate entre representantes del personal y direcciones.

Direcciones

El reconocimiento de los desafíos del trabajo para la identidad y la salud se manifiesta como difícilmente compatible con los criterios de eficacia, de productividad y de rentabilidad que son privilegiados por los dirigentes, preocupados por la perennidad de la empresa y su desarrollo. La evolución de la legislación de seguridad de resultado en materia de salud y seguridad de los trabajadores pone a los empleadores en una posición delicada y conduce a la implementación de dispositivos de formación y de prevención diversificados, cuya eficacia encuentra rápidamente límites, si no están referidos a la organización del trabajo y a la deliberación sobre el trabajo. La "humanización" de la empresa se manifiesta, en efecto, como insuficiente para saldar las cuestiones de salud mental en el trabajo. Pero la dirección tiene un rol importante en la concepción y el mantenimiento de los espacios de discusión formales sobre la organización del trabajo. De su voluntad depende igualmente la perennidad de los espacios informales, que son espacios de convivialidad tendientes a desaparecer en el contexto de los reacomodamientos y reorganizaciones justificadas por el mantenimiento de la productividad.

Estas orientaciones específicas en materia de dirección y de gestión empresarial suponen decisiones que solo pueden ser sostenidas por una formación intelectual también específica de los dirigentes sobre las cuestiones de organización del trabajo, y no solamente en gestión o recursos humanos, con el fin de situar tales decisiones en referencia al trabajo real.

Directores y responsables de recursos humanos

Los miembros de los servicios de recursos humanos están encargados de la administración de los recursos (contratos de trabajo, pagos…) por una parte, y de su desarrollo (contratación, evolución de la carrera, formaciones…) por otra parte. Debido a su posición central en el seno de la empresa, podrían representar un interlocutor privilegiado para la cuestiones de salud mental en el trabajo. Pero, a raíz de su compromiso con las cuestiones relativas a la "gestión" de los aspectos materiales del trabajo y de la política del empleo, al servicio del rendimiento de la empresa, su acción se manifiesta de hecho muchas veces limitada a una operación de "registro" de las situaciones problemáticas de los asalariados.

Inspector del trabajo

El rol de los inspectores del trabajo es vigilar para que se cumpla la aplicación de las disposiciones legislativas y reglamentarias relativas a las condiciones de trabajo, a la salud y a la seguridad de los trabajadores en su lugar de trabajo.

Los inspectores del trabajo disponen de un poder de investigación en la empresa que los puede llevar a redactar observaciones y notificaciones al empleador para que actúe de acuerdo con la reglamentación. También tienen competencia para disponer multas, en particular en los casos más perjudiciales para la salud del trabajador. En la práctica, el proceso de relevamiento de las informaciones sobre los incidentes se manifiesta como delicada y a veces difícil. Un problema específico se plantea con las amenazas, o inclusive las violencias ejercidas contra los inspectores y controladores del trabajo, que reducen su poder de acción sobre la prevención y la instrucción de las cuestiones relativas a la salud en el trabajo.

Psicólogo

La tarea específica del psicólogo del trabajo es apreciar los vínculos entre el funcionamiento psíquico individual y los modos de organización del trabajo. Si el lugar del psicólogo parece ser en principio pertinente para la identificación y la contención de los trastornos psicopatológicos vinculados al trabajo, las condiciones de su ejercicio y las modalidades terapéuticas utilizadas se manifiestan en la práctica muy diversificadas, sobre todo en función de su formación (asesor en gestión de recursos humanos, desarrollo de la organización, formación, psicología clínica, etc.). La "psicologización" de las situaciones profesionales genera a veces "choques entre las demandas" cuando la identificación de los elementos relativos a la personalidad y la estructura psicopatológica substituye a la investigación de las capacidades y a la movilización de la inteligencia en situación de trabajo (C. Ballouard, 2008).

En el campo de la psicopatología del trabajo, el psicólogo puede estar involucrado en:

- el aspecto de la prevención, al proponer acciones de formación y de sensibilización sobre los vínculos entre salud mental y trabajo a los representantes del personal, de los asalariados y de la dirección;
- el aspecto del cuidado, al proponer conversaciones de enfoque terapéutico con los asalariados que presentan trastornos psicopatológicos vinculados con el trabajo (cf. capítulo 13);
- en algunos casos, el psicólogo puede verse llevado a intervenir puntualmente luego de acontecimientos críticos (accidentes de trabajo, agresiones, suicidios) al recurrir a métodos provenientes de la psicotraumatología como el *debriefing*.

15 / Métodos de intervención en empresas

xisten muchos métodos de intervención en el campo de la empresa, que se basan más o menos explícitamente en proposiciones teóricas provenientes de la sociología, de la ergonomía, de la psicología clínica, de la psicología social, de las teorías del *management*, de la organización, etc. La mayor parte de los dispositivos de intervención "psicosociológica" se heredan de los trabajos sobre los grupos en psicología social (K. Lewin, J. Moreno) y sobre la dinámica de los grupos (G. Mendel, J.L. Prades, 2002).

Solo abordaremos aquí las metodologías que responden a demandas en psicopatología del trabajo. Se distinguen esquemáticamente dos tipos de intervención: individual o colectiva que están organizadas por referenciales teóricos y métodos específicos.

Gestión del estrés y coaching

Este enfoque es ampliamente utilizado en la actualidad en el mundo del trabajo. Apunta a la prevención individual de las descompensaciones psíquicas y a la preservación del rendimiento en situación de trabajo. Los argumentos sobre el costo del estrés motivan las prácticas de formación en gestión del estrés para los asalariados. Para los ejecutivos, managers y dirigentes de empresa, la práctica del coaching apunta a desarrollar competencias individuales, al identificar las líneas de fuerza del comportamiento personal para aplicarlas al ámbito del trabajo. La gestión del estrés es también promovida en algunos sectores profesionales (policía y armada en particular) para prevenir las reacciones suicidas. Los desafíos del trabajo para la identidad, así como los compromisos alcanzados para soportar la situación de trabajo no son objeto de un análisis específico.

Victimología y psicotraumatología

La intervención de urgencia médico-psicológica es un procedimiento que apunta a contener de manera específica a las personas víctimas de sucesos excepcionales. En Francia. Las CUMP (células de urgencia médico-psicológica) están constituidas por redes de psiquiatras, psicólogos, enfermeros, formados en las técnicas de emergencia y de psicotraumatología, que tienen como misión rastrear y tratar los trastornos psíquicos consecutivos a "catástrofes y accidentes". La primera célula ha sido implementada por pedido del gobierno en julio de 1995 en Paris, luego del atentado en la estación del RER (Tren Expreso Regional) Saint-Michel. El principio de la intervención médico-psicológica es situarse por delante de la demanda, ya que la víctima no está en condiciones de formularla expresamente.

El enfoque teórico del psico-traumatismo pone el acento sobre la ruptura traumática y el derrumbe narcisista que la acompaña: es necesario haber estado "expuesto a un acontecimiento potencialmente psico-traumatizante (es decir un acontecimiento excepcional, violento y amenazante para la vida o bien la integridad física o psíquica del individuo, tal como agresión, accidente, catástrofe o suceso de guerra), pero también haberlo vivido como trauma, espanto, horror y sentimiento de impotencia, de ausencia de socorro" (L. Crocq et al., 2007). El dispositivo consiste en una contención precoz que facilita la abreacción de la vivencia dolorosa y traumática pos-suceso, para disminuir el riesgo de desencadenar trastornos pos-traumáticos (*debriefing*, grupos de palabra). (J.J. Chavagnat, 2007). El enfoque catártico (L. Crocq, 2003) sostiene todas las consideraciones del "trauma", con el fin de atribuir una significación singular al suceso.

Si este tipo de dispositivo tiende a generalizarse con las personas confrontadas a sucesos extraordinarios, bajo la forma de agresiones y de violencias perpetradas en el lugar de trabajo, presenta sin embargo el inconveniente de no tomar en cuenta la situación específica del trabajo. La sintomatología postraumática puede, en efecto, analizarse a la luz de las vulnerabilidades de la estructura individual subyacente, pero esta interpretación corre el riesgo de perderse de lo que, en la sintomatología, les corresponde propiamente a los avatares de las defensas vinculadas con el trabajo (cf. Parte II). El enfoque victimológico puede también, en algunos casos, representar un obstáculo al debate sobre la organización del trabajo y sus contradicciones (A. Loubet-Devaux, 2002). Por otra parte, las repercusiones psicopatológicas de la confrontación con la violencia de costumbre y "habitual" en situación de trabajo, no son consideradas por este tipo de enfoque (M. P. Guiho-Bailly, 2003).

Consultores y profesionales que intervienen en prevención de los riesgos profesionales

Los profesionales que intervienen en prevención de los riesgos profesionales tienen una función de prevención basada en competencias técnicas, organizacionales, o médicas (por fuera de la medicina del trabajo). Su misión consiste en participar, en el seno del dispositivo de salud en el trabajo, en la "prevención de los riesgos profesionales y en el mejoramiento de las condiciones de trabajo, como complemento de la acción llevada a cabo por el o los médicos del trabajo".

En el marco de sus misiones, los CHSCT pueden recurrir a expertos autorizados (por el ministerio de Trabajo y de Agricultura) en caso de riesgos profesionales graves en el establecimiento, o en caso de proyectos que requieran ciertas modificaciones de las condiciones de trabajo, de higiene y de seguridad. La metodología, que asocia en la mayoría de los casos métodos cuantitativos (escalas, cuestionarios) y enfoques cualitativos, se basa en el análisis del trabajo y debe permitir al experto formular un diagnóstico sobre la situación, para proponer soluciones y recomendaciones.

Grupos de análisis de las prácticas profesionales

El desarrollo de las demandas de análisis de las prácticas en las empresas y las organizaciones conduce a la implementación de dispositivos variados que apuntan a favorecer los procesos de reflexividad de los sujetos sobre su situación profesional. Muchos sectores de actividad están implicados: enseñanza, médico-social, orientación… Las transformaciones de las organizaciones imponen mutaciones de las relaciones de trabajo y de los contextos institucionales que necesitan despejar las dimensiones psicológicas y relacionales que sostienen la experiencia profesional. Uno de los límites de dispositivo clínico concierne a las modalidades de elaboración del sufrimiento generado en el trabajo por la implementación de grupos de análisis de las prácticas, que tienden a evitar el tratamiento de las contradicciones generadas por la organización del trabajo (A.C. Giust-Ollivier, 2006; C. Lecomte, 2011).

En el marco del trabajo en el medio hospitalario y de situaciones de sufrimiento encontradas por el personal de salud, es generalmente por medio de los grupos *Balint,* de los grupos de supervisión o de análisis de las prácticas, que el médico clínico puede proponer un marco de reflexión y de elaboración. Si estos grupos toman como punto de partida los efectos psicológicos del trabajo, tratan en primer lugar la relación establecida con el paciente a partir del análisis de las posiciones subjetivas expresadas en los movimientos transferenciales y contra-transferenciales, establecidos entre personal de cuidados sanitarios y pacientes. El trabajo solo es abordado, en general, como vector de la relación de cuidado y como un soporte de la expresión de mociones pulsionales arcaicas y de los vínculos imaginarios (R. Kaës, 1997). No existe una teoría explícita del trabajo, pero el modelo de funcionamiento psíquico individual es "extrapolado" al funcionamiento institucional que subyace al análisis de las situaciones.

Investigaciones en psicodinámica del trabajo

El objetivo en esta instancia no es proponer una presentación completa de la metodología de la investigación en psicodinámica del trabajo, sino presentar sus principios generales[3]. El método de la encuesta en psicodinámica del trabajo apunta al análisis y la interpretación de las situaciones de trabajo a partir de un compromiso de los asalariados en el proceso de elaboración del vínculo individual y colectivo con el trabajo. Los participantes, reunidos en varias ocasiones, se expresan sobre su trabajo y son llevados a poner en discusión sus actividades reales y las inflexiones que estas suscitan sobre la organización prescrita del trabajo. La metodología empleada, que necesita un análisis previo de la demanda, se basa sobre la palabra de los trabajadores. Las demandas conllevan siempre en su interior un cuestionamiento en términos de sufrimiento en el trabajo y la salud mental. Dado el estatus particular del sufrimiento, la constitución del o de los grupos de asalariados recurre al voluntariado, para favorecer las condiciones de autenticidad de la palabra. Así como el sentido de la vivencia subjetiva no puede darse desde el exterior, la dimensión afectiva del trabajo, vinculada con la movilización del cuerpo (*cf.* Parte I) no puede observarse de manera directa. Hablar de su sufrimiento y entender el de los demás no puede hacerse de manera obligada. La expresión de la vivencia subjetiva del trabajo choca así con las defensas interpuestas para luchar contra el sufrimiento, pero también con los intereses estratégicos de los sujetos que apuntan a ocultar, minimizar o travestir los hechos. El principio metodológico que apunta a señalar la dificultad de la autenticidad de la palabra –prueba de la validez de los resultados de la investigación clínica– consiste en acordar un lugar decisivo al análisis de la demanda. El trabajo de elaboración de la vivencia tiene,en efecto, como objetivo comprender los desafíos psicológicos de la situación de trabajo, a partir de una aclaración del sentido de las conductas y del planteo de las responsabilidades de los sujetos en su propia situación, lo que debe ser asumido voluntariamente por los sujetos. Por otra parte, la elaboración de la vivencia subjetiva del trabajo se basa en condiciones intersubjetivas organizadas en función de la escucha arriesgada de los médicos clínicos, que se comprometen e involucran en la encuesta, para acceder a la inteligibilidad de la situación de trabajo.

Concluyen la investigación con una devolución de los debates contradictorios sobre el trabajo y una validación por el colectivo de trabajo de las interpretaciones formuladas por los médicos clínicos que dan lugar a un vínculo. Este, que ha sido discutido, matizado, contradicho, completado y entonces validado por el colectivo de la encuesta, es remitido a los interesados y destinado a alimentar la discusión sobre la transformación de la organización del trabajo (P. Molinier, 2001). El método en psicodinámica apunta entonces a poner en evidencia los conocimientos sobre el trabajo por un colectivo constituido a partir de un proceso comprensivo, que brinda a la experiencia vivida un lugar central (A. Schütz, 1971). Es a la explicitación de la racionalidad subjetiva de las conductas de los trabajadores a la que se apunta en primer lugar.

La investigación se distingue de los dispositivos de "consejo y de intervención" o de "acompañamiento", debido a la ausencia de recomendaciones a partir de las reuniones. Este punto, muchas veces discutido, llama la atención sobre los principios de la acción y del manejo del trabajo de interpretación del sufrimiento y de las defensas. La psicodinámica del trabajo no se basa en el análisis de la transferencia y de la contra-transferencia en la medida en que el problema práctico consiste, no en trabajar con las manifestaciones del inconsciente, sino en aclarar las restricciones exteriores que atraviesan el mundo del trabajo (en particular, los vínculos sociales de dominación [cf. Parte I]) y obstaculizan la dinámica del funcionamiento psíquico.

Por otra parre, la investigación en psicodinámica del trabajo no apunta, en primera instancia, a transformaciones objetivas de las situaciones de trabajo, como es el caso por ejemplo en ergonomía, pero a una transformación del vínculo subjetivo con el trabajo. El trabajo de perlaboración realizado en el colectivo investigado contribuye en efecto a transformar el vínculo con el sufrimiento,mientras se despliega el análisis de las estrategias de defensa. La modificación substancial de la organización del trabajo que puede derivarse, no se basa entonces en el dispositivo de la encuesta *stricto sensu*, sino en la capacidad de los sujetos para pensar las transformaciones de la organización del trabajo y lograr, llegado el caso, inventar o favorecer las condiciones de estas transformaciones. El lugar de la acción reside entonces en primer lugar en el trabajo de elaboración de la vivencia del trabajo por los trabajadores, que la investigación hace posible.

En los casos particulares de los suicidios vinculados al trabajo, es posible proponer un cierto número de principios que puedan orientar la acción (C. Dejours, F. Bègue, 2009). Se trata de poder construir un dispositivo fundado sobre la independencia del o de los médicos clínicos en el procedimiento, que permite pensar y analizar el suicidio para no quedarse sin hablar de ello. La presencia de un equipo de apoyo externo contribuye a analizar las presiones y las distorsiones de la comunicación que son frecuentes en el seno de la empresa, en particular en función de la imputación de la responsabilidad del suicidio. La implementación de un colectivo de conducción interno promueve la movilización de relevo de la estructura o la empresa. La utilización de entrevistas individuales puede representar una etapa en el trabajo de análisis que apunta a la implicación progresiva de los unos y de los otros, mediante la formación de colectivos de trabajadores voluntarios. El dispositivo central del procedimiento está fundado en entrevistas colectivas para repensar el trabajo y la contribución de los sujetos a la organización del trabajo, así como los destinos de esta contribución.

Bibliografía

Abdoucheli E., Dejours C. (1990), Itineraire théorique en psychopathologie du travail, *Prévenir*, 20, 127-149.

Abraham K. (1919), Les névroses du dimanche: remarques sur la communication de Freneczi, en *Oeuvres complètes*, tome II, Paris, Payot, 2000.

Adam P. (2009), Le droit du travail français à l'épreuve des risques psychosociaux (une perspective contentieuse), en Le Rouge (ed.), *Risuqes psychosociaux au travail. Etude comparée Espagne, France, Grèce, Italie, Portugal*, París, L'Harmattan.

Amado G. (1990), Identité psychique, crise et organisation: pour une théorie de la résonance, *Psychologie clinique*, 3, 103ç115.

Amado G. (1994), La résonance psychosociale au coeur de la vie et de la mort. *Revue Internationale de Psychosociologie*, 1, 87-94.

Amado G., Guittet A. (2003), *Dynamique des communications dans les groupes*, París, Armand Colin.

Arborio A. M. (1991), *Les aides-soignantes à l'hôpital: un travail invisible*, París, Syros.

Arendt H. (1958), *Condition de l'homme moderne*, París, Calmann-Lévy.

Arendt H. (2001), *Qu'est-ce que la politique?*, París, Seuil.

Arnaudo V. (2005), L'art du phoning: entre séduction et dérapages. Histoire d'un "harcèlement" sexuel au service de la performance, *Travailler*, 13, 95-112.

Arnaudo V. (2008), Veille en santé mentale au travail: quelle place pour les médecins du travail?, *Archives des Maladies Professionnelles*, 69 (2), 204-207.

Aubert N., de Gaulejac V. (1991), *Le coût de l'excellence*, París, Seuil.

Badel M. (2009), Le pragmatisme du droit français, en Le Rouge L. (ed.), *Risques psychosociaux au travil. Etude comparée Espagne, France, Grèce, Italie, Portugal*, París, L'Harmattan.

Ballouard C. (2008), De "l'outilité" des psychologues, professionnels de pensée, dans le champ du travail: portrait. *Travailler*, 20, 123ç136.

Barbier J.C., Nadel H. (2000), *Flexibilité du travail et de l'emploi*, París, Flammarion.

Bardot F. (2009), Travail et maltraitance dans une maison de retraite, *Travailler*, 22, 121-134.

Bauman Z. (2000), *Liquid modernity*, Cambridge, Polity Press.

Benquet M., Marichalar P., Martin E. (2010), Responsabilités en souffrance. Les conflits autour de la souffrance psychique des salariés d'EDF-GDF (1985-2008), *Sociétés contemporaines*, 79 (3), 121-141.

Bensaïd A. (2010), Apport de la psychopathologie du travail à l'étude d'une bouffée délirante aiguë, en Dejours C. (ed.), *Observations cliniques en psychopathologie du travail*, París, PUF.

Bergeret J. (1992), *La personalité normale et pathologique*, París, Dunod.

Billiard I. (2000), *Santé mentale et travail. L'émergence de la psychopathologie du travail*, París, La Dispute.

Billiard I. (2002), Les pères fondateurs de la psychopathologie du travail en butte à l'énigme du travail, *Cliniques méditerranées*, 66 (2), 11-29.

Birot E., Jeammet P. (1994), *Étude psychopathologique des tentatives de suicide chez l'adolescent et l'adulte jeune*, París, PUF.

Böhle F., Milkau B. (1988), *Vom Handrad zum Bildschirm. Eine Untersuchung zur sinnlichen Erfahrung im Arbeitsprozess*, Frankfurt, Campus Verlag.

Boltanski L., Chiapello E. (1999), *Le nouvel esprit du capitalisme*, París, Gallimard.

Bourdieu P. (1980), *Le sens pratique*, París, Editions de Minuit.

Bourdieu P. (1997), La connaissance par corps, en *Méditations pascaliennes*, París, Le Seuil, 153-193.

Bourgeois F. et al. (2000), *Troubles musculoesquelettiques et travail. Quand la santé interroge l'organisation*, Lyon, ANACT.

Boutet J. (ed.) (1995), *Paroles au travail*, París, L'Harmattan.

Bouvet C., Schneider F. (2007), Les destins de l'agressivité dans les activités de service client en centre d'appel, *Travailler*, 18, 203-218.

Bouvet C., Alegre A. (2010), Évaluer l'évolution psychologique des travailleurs d'Esat: questions méthodologiques, *PratiquesPsychologiques*, 16 (4), 359-373.

Brauman R. (1993), *L'action humanitaire*, París, Flammarion.

Braunschweig D., Fain M. (1975), *La nuit, le jour. Essai psychanalytique sur le fonctionnement mental*, París, PUF.

Brown E. et al. (2002), Les paroxysmes de la conciliation. Violence au travail et violence du conjoint, *Travail, Genre et Société*, 8 (2), 149-165.

Bungener M., Pierret J. (1994), De l'influence du chômage sur l'état de santé, en Bouchayer F. (ed.), *Trajectoires sociales et inégalités*, Mire-Insee-Erès.

Buzzi S. et al. (2006), *La santé au travail: 1880-2006*, París, La Découverte.

Calderon J. (2005), L'implication quotidienne dans un centre d'appels: les nouvelles "initiatives éducatives", *Travailler*, 13, 73-94.

Canguilhem G. (1943), *Le normal et le pathologique*, París, Quadrige.

Canino R. (1996), La sublimation dans la construction de l'identité sexuelle, *Adolescence*, 14 (2), 55-71.

Canoui P., Mauranges A. (2008), *Le burn-out à l'hôpital*, París, Masson.

Carpentier-Roy M.C. (1991), *Corps et âme. Psychopathologie du travail infirmier*, Montréal, Liber.

Cassel J. (2001). Différence par corps: les chirurgiennes, *Cahiers du genre*, 29, 53-81.

Castel R. (1995), *Les métamorphoses de la question sociale*, París, Fayard.

Castro D. (2004), *Les interventions psychologiques dans les organisations*, París, Dunod.

Chanlat J. F. (1990), *L'individu dans l'organisation. Les dimensions oubliées*, Laval, Presses Universitaires de Laval.

Chanlat J. F. (2002), Émotions, organisation et management: une réflexion critique sur la notion d'intelligence émotionelle, *Travailler*, 9, 113-132.

Chastang F. et al. (1997), Geste suicidaire et précarité d'emploi, en Chavagnat J.J. (ed.), *Suicide et vie professionelle*, Toulouse, Starsup Editeur, 161-181.

Chavagnat J.J. (2007), La victimologie, en Dejours C. (ed.), *Conjurer la violence*, París, Payot.

Chemama R. (2003), *Clivage et modernité*, Toulouse, Erès.

Chiaroni J. (2001), Le harcèlement moral au travail, étude auprès des médecins du travail de la région PACA, *Archives des maladies professionnelles et de l'environnement*, 62.

Coffin J.C. (2005), Le travail dans les services rend-il malade? L'analyse du psychiatre Louis Le Guillant dans les années 1950-1960, *Le mouvement social*, 211, 67-81.

Cohen F., Lazarus R.S. (1979), Coping with the stresses of illness, in Stone G.C., Adler N.E. (eds.), *Health psychology*, San Francisco, Jossey-Bass, 217-254.

Cohidon C., Santin G., Imbernon E. (2007), Conditions de travail selon l'activité professionnelle dans l'enquête décennale santé 2003 de l'Insee, *Rapports de l'InVS*.

Comisión "Violence, travail, emploi, santé", Plan Violencia y salud (2005), http://www.comprendre-agir.org/images/fichier-dyn/doc/Travailetemploi.pdf

Commission de réflexion sur la souffrance au travail, UMP et Nouveau Centre (2009), http://www.lasouffranceautravail.fr/tl_files/telechargeents/Rapportfinal-2.pdf

Conroy C. (1989), Suicide in the workplace: incidences, victim characteristics and external causes of death, *Journal of Occupational Medicine*, 31 (10), 847-851.

Coupechoux P. (2009), *La déprime des opprimés. Enquête sur la souffrance psychique en France*, París, Seuil.

Crocq L. (2003), L'approche cathartique, *Revue Francophone du Stress et du Trauma*, 3 (1), 15-24.

Crocq L. et al. (2007), *Traumatismes psychiques. Prise en charge psychologique des victimes*, París, Masson.

Cru D. (1985), Les tailleurs de pierre, langue de métier et organisation du travail, *Travail*, 7, 48-55.

Cru D. (1988), Les règles de métier, en *Plaisir et souffrance dans le travail*, Tomo I, París, Association d'ouverture pour le champ d'investigation psychopathologique (AOCIP), 29-49.

Daniellou F., Laville A., Teiger C. (1983), Fiction et réalité du travail ouvrier, *Les Cahiers français*, 209, 39-45.

Debout M. (2002), *La France du suicide*, París, Stocl.

De Clercq M., Lebigot F. (2001), *Les traumatismes psychiques*, París, Masson.

De Gaulejac V. (2005), *La société malade de la gestion*, París, Seuil.

De Gaulejac V., Hanique F., Roche P. (2007), *La sociologie clinique. Enjeux théoriques et méthodologiques*, Toulouse, Érès.

Dejours C. (1980), Le vécu subjectif du chômage et l'organisation du travail.*Santé mentale*, 3-4, 26-29.

Dejours C. (1980), *Travail, usure mentale. Essai de psychotahologie du travail*, Edición aumentada, Bayard Centurion, 2008.

Dejours C. (1988), Le masculin entre sexualité et société, *Adolescence*, 6 (1), 89-116.

Dejours C. (1989), *Recherches psychanalytiques sur le corps,* París, Payot. Nueva edición con el título *Les dissidences du corps*, París, Payot, 2009.

Dejours C. (1992), Pathologie de la communication, situation de travail et espace public: le cas du nucléaire, *Raisons pratiques*, 3, 177-201.

Dejours C. (1993), Intelligence pratique et sagesse pratique, deux dimensions méconnues du travail réel, *Education permanente*, 116 (3), 47-70.

Dejours C. (1995), Evaluation ou validation en psychologie du travail?, *Pratiques psychologiques*, 1, 51-61.

Dejours C. (1996), "Centralité du travail" et théorie de la séxualité, *Adolescence*, 14 (2), 9-29.

Dejours C. (1998), *Souffrance en France. La banalisation de l'injustice sociale*, París, Seuil.

Dejours C. (2001), *Le corps d'abord*, París, Payot.

Dejours C. (2003), Entre santé mentale et travail: quelle subjectivité? en *Résistances au sujet, résistances du sujet*, Namur, Presses Universitaires de Namur, 211-233.

Dejours C. (2003), *L'évaluation à l'épreuve du réel. Critique des fondements de l'évaluation*, París, INRA Editions.

Dejours C. (2004), Activisme professionnel: masochisme, compulsivité ou aliénation?, *Travailler*, 11, 25-40.

Dejours C. (2004), Nouvelles formes de servitude et suicide, *Travailler,* 13, 53-74.

Dejours C. (2007), *Conjurer la violence*, París, Payot.

Dejours C. (2009), *Travail vivant*, Tomo I. *Sexualité et travail* y Tomo II *Travail ey émancipation*, París, Payot.

Dejours C., Collot T., Godard P., Logeay P. (1986), Syndromes psychopathologiques consécutifs aux accidents du travail. Incidences sur la reprise du travail, *Le travail humain*, 49 (2), 103116.

Dejours C., Molinier P. (1994), De la peine au travail, *Autrement*, 142, 138-151.

Dejours C., Bègue F. (2009), *Suicide et travail: que faire?*, París, PUF.

Delphy C. (2001), *L'ennemi principal*, Tomo 2, *Penser le genre*, París, Syllepses.

Demaegdt C. (2006), Approche clinique de l'inconsistance de la faculté de jugement: du déni au doute, *Interrogations*, 3 (www. revue-interrogations.org).

De Melo e Silva F. (2011), Pour une nouvelle clinique: le retour de la clinique du travail sur la clinique du cancer du sein, *Travailler*, 25, 145-160.

Derriennic F., Pezé M., Davezies P. (1997), Analyse de la souffrance dans les pathologies d'hypersollicitation, *Actes du 1er Colloque International de Psychodynamique et de Psychopathologie du Travail*, Tome 1, 209-252.

Dessors D., Jayet C. (1991), Méthodologie et action en psychopathologie du travail (A propos de la souffrance des équipes de réinsertion médicosociales), *Prévenir*, 20, 31-44.

Detienne M., Vernant J.P. (1974), *Les ruses de l'intelligence. La métis chez les Grecs*, París, Flammarion.

Doniol-Shaw G. (2000), Symptomatologie dépressive et travail en sous-traitance nucléaire en France: des facteurs professionnels sont-ils en cause?, *Travailler*, 5, 47-72.

Dossier "Le coeur à l'ouvrage" (2003), *Santé et travail*, 45, (10), 25-51.

Douville O. (2004), Souffrance psychique et poids du social, en Marty F. (ed.), *Ce que souffrir veut dire*, Toulouse, Erès.

Drida M., Engel E., Litzenberger M. (1999), Du harcèlement ou la violence discrète des relations de travail, en *Violence et travail. Actes du 2me Colloque International de psychopathologie et psychodynamique du travail*, París, CNAM, 91-100.

Dubar C. (1991), *La socialisation: construction des idéntités sociales et professionnelles*, París, Armand Colin.

Dujarier M.A. (2006), *L'idéal au travail*, París, PUF.

Du Tertre C. (2002), Service, relation de service et économie immatérielle, en Hubault F. (ed.), *La relation de service, opportunités et questions nouvelles pour l'ergonomie*, Toulouse, Octarès, 225-235.

Du Tertre C. (2008), Services immatériels et relationnels: intensité du travail et santé, *Activités*, 2, 37-49.

Ehrenberg A. (2010), *La société du malaise. Le mental et le social*, París, Odile Jacob.

Eiguer A. (1996), *Le pervers narcissique et son complice*, París, Dunod.

Enriquez E. (1992), *L'organisation en analyse*, París, PUF.

Erikson E.H. (1994), *Adolescence et crise. La quête de l'identité*, París, Flammarion.

Esman S., Nimis J.L., Molinier P. (2010), Problématiques éthiques liés à une organisation inadéquate du care entre infirmières et aides-soignantes en gériatrie, *Éthique et santé*, 1, 37-42.

Estryn-Behar M., Fouillot J. P. (1990), Étude la charge mentale et approche de la charge psychique du personnel soignant. Analyse du travail des infirmières et aides-soignantes dans 10 services de soins,

Documents pour le médécin du travail, 42 (6), 131-144.

Ey H. (1946), *Le problème de la psychogenèse des névroses et des psychoses*, IIIe. Colloque de Bonneval, 1946, París, Bibliothèque des introuvables, 2004.

Foot R. (2005), Faut-il protéger le métro des voyageurs? Ou l'appréhension du voyageur par les ingénieurs et les conducteurs, *Travailler*, 14, 169-205.

Fougeyrollas-Schwebel D. et al. (2000), Approche quantitative des violences envers les femmes au travail: quelles analyses privilégier?, *Travailler*, 4, 139-154.

Fouquet B. et al. (2005), *Santé mentale, appareil locomoteur et pathologies professionnelles*, París, Masson.

Franc R. et al. (1988), Le chômage est-il un facteur de risque suicidaire?, *Psychologie médicale*, 20, 392-395.

Frances R. (1979), *Motivation et efficience au travail*, París, Mardaga.

Freud S. (1900), L'interprétation du rêve, en *Oeuvres complètes de Freud*, Tomo IV, París, PUF, 2003.

Freud S. (1905), Trois essais sur la théorie sexuelle, en *Oeuvres complètes de Freud*, Tomo IV, París, PUF, 2006. 59-182.

Freud S. (1911), Formulations sur les deux principes de l'advenir psychique, en *Oeuvres complètes de Freud*, Tomo XI, París, PUF, 1998.

Freud S. (1915), Pulsions et destins des pulsions, en *Métapsychologie*, en *Oeuvres complètes de Freud*, Tomo XIII, París, PUF, 1994.

Freud S. (1920), Au-delà du principe de plaisir, en *Oeuvres complètes de Freud*, Tomo XV, París, PUF

Freud S. (1921), Psychologie des masses et analyse du moi, en *Oeuvres complètes de Freud*, Tomo XVI, París, PUF, 2003.

Freud S. (1927), L'avenir d'une illusion, en *Oeuvres complètes de Freud*, Tomo XVIII, París, PUF, 2003.

Freud S. (1929), Le malaise dans la culture,, en *Oeuvres complètes de Freud*, Tomo XVIII, París, PUF, 1995.

Freudenberger H.J. (1974), Staff burn-out, *Journal of Sociall Issues*, 30, 159-165.

Friedmann G. (1956), *Le travail en miettes*, París, Gallimard.

Furtos J. (2008), *Cliniques de la précarité*, París, Masson.

Gaignard L. (2001), Résonance symbolique entre les idéologies managériales et la sphère privée: questions pour une psychanalyste en ville, *Travailler*, 6, 115-128.

Gaignard L. (2006), Introduction au dossier Racisme et travail, *Travailler*, 16, 7-14.

Gaignard L. (2007), Les figures psychopathologiques de la culpabilité objective, en Dejours C. (ed.), *Conjurer la violence*, París, Payot.

Gaignars L. (2008), Fatalisme économique, ambition et psychose de souhait, *Travailler*, 20, 19-36.

Gaignard L., Charon A. (2005), Gestion de crise et traumatisme: les effets collatéraux de la "vache folle". De l'angoisse singulière à l'embarras collectif, *Travailler*, 14.

Ganem V. (2006), Un processus d'assignation psychologique peut en cacher un autre. A propos de la couleur de peau en Guadeloupe, *Travailler*, 16, 171-182.

Garrau M., Le Goff A. (2010), *Care, justice et dépendance. Introduction aux théories du care*, París, PUF.

Gernet I., Gaignard L. (2005), La psychopathologie du travail: du zèle à l'effondrement, en Chavagnat J.J. (ed.), *Prévention du suicide*, París, John Libbey Eurotext, 119-128.

Gernet I., Chekroun F. (2008), Travail et genèse de la violence. A propos des soins aux personnes âgées, *Travailler*, 20, 41-60.

Giacometti A. (1952), *Je ne sais ce que je vois qu'en travaillant*, París, Editions l'Echoppe, 1993.

Giust-Ollivier A.C. (2006), Le psychosociologue face aux enjeux de la responsabilité, *Nouvelle Revue de Psychosociologie*, 2 (2), 47-58.

Goleman D. (1995), *L'intelligence émotionnelle au travail*, París, Editions Pearson, 2010.

Gollac M., Volkoff S. (2007), *Les conditions de travail*, París, La Découverte.

Gournay M., Lanièce F., Kryvenac I. (2002), Études des suicides liés au travail en Basse-Normandie, *Travailler*, 12, 91-8.

Guiho-Bailly M.P. (1996), Psychopathologie de la post-adolescence. Identité masculine et évolutions du travail, *Adolescence*, 14 (2), 31-48.

Guiho Bailly M.P. (2004), Si tu n'avances pas, tu recules; si tu recules, tu meurs. Clinique de l'addiction au travail en psychiatrie quotidienne, *Travailler*, 11, 41-56.

Guiho-Bailly M.P., Dessors D. (1997), Questionnement de la stratégie défensive d'un collectif de femmes dans le travail social: ruse de la bêtise et reconnaissance par la plainte, *Actes du Colloque International de Psychopathologie et Psychodynamique du Travail*. Republicado en Dessors D. (ed.) (2009), *De l'ergonomie à la psychodynamique du travail*, Toulouse, Erès.

Guiho-Bailly M.P., Guillet D. (2003), Existe-t-il des situations d'urgence en psychopathologie du travail?, *Travailler*, 10, 57-76.

Guiho-Bailly M.P., Guillet D. (2005), Psychopathologie et psychodynamique du travail, *EMC Toxicologie-Pathologie professionnelle*, 2, 98-110.

Guiho-Bailly M.P., Lafond P. (2010), Docteur, l'Alzheimer à mon âge ça se voit? en Dejots D. (ed.), *Observations cliniques en psychopathologie du travail*, París, PUF.

Gutton P. (1991), *Le pubertaire*, Quadrige, París, PUF, 2003.

Habermas J. (1981), *Théorie de l'agir communicationnel*, París, Fayard, 1987.

Haudricourt A.G. (1987), *La technologie, science humaine*, París, Maison des Sciences de l'Homme.

Hautefeuille M. (2008), Le dopage des cadres ou le dopage au quotidien, *L'information psychiatrique*, 84 (9), 827-34.

Henry M. (1987), *La barbarie*, París, PUF.

Hirata H. (1995), Division sexuelle et internationale du travail, en Boutet J. (ed.), *Paroles au travail*, París, L'Harmattan.

Hirata H., Kergoat D., (1988), Rapports sociaux de sexe et psychopathologie du travail en *Plaisir et souffrance dans le travail*, Tomo II, París, Editions AOCIP, 131-176.

Hirigoyen M.F. (1998), *L'harcelèment moral. La violence perverse au quotidien*, París, La Découverte y Syros.

Hochschild A.R. (1983), *The managed heart, commercializarion on human feelings*, Berkeley, University pf California Press.

Hochschild A.R. (2003), Travail émotionnel, règles de sentiments et structure sociale, *Travailler*, 9, 19-49.

http://www.andrh-pereire.org/IMG/pdf/rapport_SRPST_definitif_20110422.pdf

Huez D. (2003), Souffrances invisibles et dépressions professionnelles. Mettre l'organisation du travail en délibération, *Travailler*, 10, 39-56.

Hughes E.C. (1951), *Le regard sociologique. Essais choisis*, París, Editions de l'EHESS, 1996.

Informe Nasse-Légeron (2008), *Rapport sur la détermination, la mesure et le suivi des risques psychosociaux au travail*, http://lesrapports.ladocumentationfrancaise.fr/BRP/084000156/0000.pdf

Informe del Senado G. Dériot (2010), *Le mal-être au travail: passer du diagnostic à l'action.* http://www.senat.fr/rap/r09-642-1/r09-642-1.html

Informe Gollac y Bodier (2012), *Mesurer les facteurs psychosociaux de risque au travail pour les mesurer.*

Ingwiller S., Molinier P. (2010), On ne va pas prendre les patiens en otage. Souffrance éthique et distorsion de la communication dans un service de nuit en gérontologie, *Travailler*, 23.

Jacques E. (1955), Social system as a defence against persecutory and depressive anxiety, en *New directions in psychoanalysis*, Londres, Tavistock, 478-498.

Jeantet A. (2002), L'émotion prescrite au travail, *Travailler*, 9, 99-112.

Jeantet A. (2003), À votre service! La relation de service comme rapport social, *Sociologie du travail*, 45 (2), 191-209.

Joubert M. (2004), *Santé mentalee, ville et violences*, Toulouse, Erès.

Kaës R. (1997), L'interêt de la psychanalyse pour traiter la réalité psychique de/dans l'institution, *Revue internationale de Psychosociologie*, 4 (6-7), 79-98.

Kalsbeek J. (1985), Etude la surcharge informatique sur le comportement et l'état émotionel, en Dejours C., Veil C., Wisner A. (eds.), *Psychopathologie du travail*, París, Entreprise moderne d'édition, 167-173.

Karam H. (2011), Le travailleur alcoolique et le système d'évaluation de la performance au travail: une dramaturgie, *Travailler*, 25, 73-84.

Karasek R., Theorell T. (1990), *Healthy work: stress, productivity and the reconstruction of working life*, New York, Basic Books.

Kergoat D. (1988), Le syllogisme de la constitution du sujet sexué féminin. Le cas des ouvrières spécialisées, en Iresco (ed.), *Les rapports sociaux de sexe: problématiques, méthodologies, champs d'analyses*, Republicado (2001), *Travailler*, 6, 105-114.

Kergoat D. (2000), *Dictionnaire critique du féminisme*, París, PUF.

Kergoat D. (2001), Le rapport social de sexe. De la reproduction des rapports sociaux à leur subversion, *Actuel Marx*, 30, 85-100.

Kocyba H. (2007), Anerkennung, Subjektivierung, Singularität, *Travailler*, 18, 89-102.

Ladrière P. (1990), La sagesse pratique, en Pharo P., Quere L. (eds.), *Les formes de l'action*, París, Editions de l'EHESS, 15-38.

Laplanche J. (1987), *Nouveaux fondements pour la psychanalyse*, París, PUF, 1994.

Laplanche J. (1997), La soi-disant pulsion de mort: pulsion sexuelle, en *Entre séduction et inspiration: l'homme*, París, PUF, 189-219.

Laplanche J. (2003), Le genre, le sexe, le sexual, en Green A., Grubrich-Simitis I., laplanche J., Schimek J. (eds.), *Etudes sur la théorie de la séduction*, Libres Cahiers pour la Psychanalyse, París, In Press, 69-103.

Laxenaire M. (1983), Anxiété et chômage, *Soins Psychiatrie*, 30, 9-14.

Lazarus R.S., Folkman S. (1984), *Stress, appraisal and coping*, New York, Springer.

Le Breton D. (2008), *La sociologie du corps*, Que sais-je?, París, PUF.

Lecomte C. (2011), Analyse des pratiques et processus de subjectivation en situation professionnelle, *Nouvelle Revue de Psychosociologie*, 11 (1), 53-66.

Le Guillant L. (1958), La névrose des téléphonistes, en *Quelle psychiatrie pour notre temps?*, Toulouse, Erès, 1985.

Le Guillant L. (1963), Incidences psychopathologiques de la condition de bonne à tout faire, *L'évolution psychiatrique*. Reeditado en *Quelle psychiatrie pour notre temps?*, Toulouse, Erès, 1985, 294-329.

Le Guillant L., Bégoin J. (1957), Quelques remarques méthodologiques à propos de la névrose des téléphonistes, en *Les conditions de vie et la santé*, republicado en *Le drame humain du travail: essai de psychopathologie du travail*, Toulouse, Erès, 2006.

Lemperière T. et al. (2009), *Psychiatrie de l'adulte*, París, Masson.

Le Rouge L. (2009), Les risques psychosociaux reconnus par le droit: le couple "dignité-santé", en Le Rouge L. (ed.), *Risques psychosociaux au travail. Etude comparée Espagne, France, Grèce, Italie, Portugal*, París, L'Harmattan.

Le Rouge L. (2010), Le droit du travail français confronté aux "nouveaux risques". Quelle prise en compte de la santé mentale en droit du travail?, *Revue Multidisciplinaire sur l'Emploi, le Syndicalisme et le Travail (REMEST)*, 5 (2), 21-38.

Levy A. (1997), *Sciences cliniques et organisations sociales*, París, PUF.

Leymann H. (1996), *Mobbing: la persécution au travail*, París, Seuil.

Lhuilier D. (2002), *Placardisés. Des exclus dans l'entreprise*, París, Seuil.

Lhuilier D. (2006), Compétences émotionnelles: de la proscripction à la prescription des émotions au travail, *Psychologie du travail et des organisations*, 12 (2), 91-103.

Linhart R. (1978), *L'établi*, París, Editions de Minuit.

Litim M., Kostulski K. (2006), Le diagnostic d'une activité complexe en gériatrie, *Nouvelle Revue de Psychosociologie*, 1, 45-54.

Liu T., Waterbor J.W. (1994), Comparison of suicide rates among industrial groupes, *American Journal of Industrial Medicine*, 25 (2), 197-203.

Llorca M.C. (2004), Précarité et vulnérabilité: notions et approches, en Tap P., Lourdes Vasconcellos M. (ed.), *Précarité et vulnérabilité psychologique. Comparaison franco-portugaises*, Toulouse, Erès.

Llory M., Llory A. (1996), Description gestionnaire et description subjective du travail: des discordances. Le cas d'une usine de montage d'automobiles, *Revue Internationale de Psychosociologie*, 2 (5), 33-52.

Loriol M. (2002), "Mauvaise fatigue" et contrôle de soi: une approche sociohistorique, *PISTES*, 4,1.

Loriol M., Weller J.M. (2005), Comment comprendre la plaine de stress au travail?, en Furtos J., Laval C. (eds.), *La santé mentale en actes. De la clinique au politique*, Toulouse, Erès.

Loubet-Devaux A. (2002), Incivilités et violences dans les transports en commun. Comment ne pas sous-estimer l'impact de l'organisation du travail sur la santé des conducteurs, *Travailler*, 9, 163-171.

Mac Dougall J. (1982), *Théâtres du je*, París, Gallimard.

Marcelli D., Braconnier A. (2008), *Adolescence et psychopathologie*, París, Masson.

Marty P. (1991), *La psychosomatique de l'adulte*, Que sais-je?, París, PUF.

Marty P., de M'Uzan M. (1963), La pensée opératoire, *Revue française de Psychanalyse*, 27, 345-356.

Maslach C., jackson S.E. (1981), The measurement of experienced burnout, *Journal of Occupational Behaviour*, 2 (2), 99-113.

Mauss M. (1934), Les techniques du corps, en *Sociologie et anthropologie*, París, PUF, 2004.

Melman C. (2002), *L'homme sans gravité*, París, Denoël.

Mendel G. (1992), *La société n'est pas une famille*, París, La Découverte.

Mendel G. (1998), *La psychanalyse revisitée*, París, La Découverte.

Mendel G., Prades J.L. (2002), *Les méthodes de l'intervention psychosociologique*, París, La Découverte.

Menzies-Lyth I. (1960), Social systems as a defense against anxiety. An empirical study of the nursing service of a general hospital, *Human Relations*, 13, 95-121.

Mercadier P. (2002), *Le travail émotionnel des soignants à l'hôpital*, París, Editions Seli Arslan.

Merchiers J. (2000), A-t-on besoin de compétence pour travailler?, *Travailler*, 43-71.

Molinier P. (1995), Psychodynamique du travail et identité sexuelle, Tesis de doctorado en Psicología, París, CNAM.

Molinier P. (1996), Féminité et entrée dans le monde du travail, *Adolescence*, 14 (2), 49-54.

Molinier P. (1999), Prévenir la violence. L'invisibilité du travail des femmes, *Travailler*, 3, 73-86.

Molinier P. (2000), Virilité défensive, masculinité créatrice, *Travail, genre et société*, 3, 25-44.

Molinier P. (2001), Souffrance et théorie de l'action, *Travailler*, 7, 131-146.

Molinier P. (2004), Dépression sous les neutrons. Une enquête dans l'industrie de process, *Cahiers du genre*, 36, 121-144.

Molinier P. (2005), De la condition de bonne à tout faire au début du vingtième siècle à la relation de service dans le monde contemporain: analyse clinique et psychopathologique, *Travailler*, 13, 9-34.

Molinier P. (2006), Le masochisme des femmes dans le travail: mythe sexiste ou défense professionnelle? Le cas des infirmières de bloc opératoire, *Psychologie clinique et projective*, 12, 211-230.

Molinier P. (2006), Le *care* à l'épreuve du travail. Vulnerabilités croisées et savoir-faire discrets, en Paperman P., Laugier S. (eds.), *Le souci des autres. Éthique et politique du care*, Raisons Pratiques, París, Editions EHESS, 299-316.

Molinier P. (2006), *Les enjeux psychiques du travail*, París, Payot Rivages.

Molinier P. (2009), Vulnérabilité et dépendance. De la maltraitance en régime de gestion hospitalière, en Jouan M., Laugier S. (eds.), *Comment penser l'autonomie? Entre compétences et dépendances*, París, PUF.

Molinier P., Flottes A. (1999), Primauté de l'argent, dévalorisation du travail: un sentiment d'incompétence anxiogène, *Travailler*, 2, 113-130.

Molinier P., Laugier S., Paperman P. (2009), *Qu'est-ce que le care*, París, Payot.

Moscovitz J.J. (1971), Approche psychiatrique des conditions de travail, *L'évolution psychiatrique*, 36, 183-221.

Muchielli A. (1986), *L'identité*, Que sais-je?, París, PUF.

Niedhammer I. (2007), Exposition aux facteurs psychosociaux au travail du modèle de Karasek en France: étude méthodologique à l'aide de l'enquête nationale SUMER, *Travailler*, 17.

Niedhammer I., Siegrist J. (1998), Facteurs psychosociaux au travail et maladies cardio-vasculaires: l'apport du modèle du déséquilibre efforts/récompenses, *Revue d'épidémiologie et de santé publique*, 46 (5), 398-410.

Niedhammer I., Golbert M., Leclerc A. et al. (1998), Psychosocial factors at work and subsequent depressive symptoms in the Gazel cohort, *Scan J Work Environ Health*, 24 (3), 197-205.

Noël O. (2006), Idéologie raciste et production de systèmes discriminatoires dans le champ de l'apprentissage, *Travailler*, 16, 15-36.

Nurock V. (2010), *Carol Gilligan et l'éthique du care*, París, PUF.

Oates W.E. (1971), *Confessions of a workaholic: the facts about work addictions*, New York, World Pub.

Ostamo A., Lahelma E. Lönnqvist J. (2001), Transitions of employment status among suicide attempters during a severe economic recession, *Social Science & Medicine*, 52 (11), 1741-1750.

Parat C. (1991), À propos de la répression, *Revue française de psychosomatique*, 1, 93-113.

Paugam S. (2006), *L'épreuve du chômage: une rupture cumulative des liens sociaux?*, París, PUF.

Pezé M. (2002), *Le deuxième corps*, París, La Dispute.

Pezé M. (2003), Le geste de travail entre usure et sublimation, *revue française de psychosomatique*, 24, 107-126.

Pezé M. (2010), Le harcèlement moral au travail: contrainte par corps, en Dejours C. (ed.), *Observations cliniques en psychopathologie du travail*, París, PUF.

Pezé M. et al. (2002), La notion de harcèlement dans le travail: réparation ou reconnaissance de la souffrance au travail, *Travailler*, 9, 189-206.

Pezé M., de Gasparo C. (2003), Étude d'une cohorte clinique de patients harcelés: une approche sociologique quantitative, *Documents pour le médecin du travail*, 95, 307-331.

Pharo P. (1996), *L'injustice et le mal*, París, L'Harmattan.

Philippe A. (1988), Suicide: évolutions actuelles, *Regards sur l'actualité*, 137, 45-55.

Pinto J. (1990), Une relation enchantée: la secrétaire et son patron, *Actes de la recherche en sciences sociales*, 84, 32-48.

Pirlot G. (2002), Complexité psychopathologique du phénomène d'addiction, *Revue Psychotropes*, 8 (2), 97-118.

Pirlot G. (2009), *Psychanalyse des addictions*, París, Armand Colin.

Platell S. (2009), La reconnaissance des cancers professionnels: entre tableaux et CRRMP, une historique prudence à indemniser, *Mouvements*, 58, 46-55.

Porcher J. (2002), *Éleveurs et animaux, réinventer le lien*, París, PUF.

Press J. (1995), La répression, refoulement du pauvre?, *Revue française de psychosomatique*, 7, 123-142.

Prévot E. (2007), Alcool et sociabilité militaire: de la cohésion au contrôle, de l'intégration à l'exclusion, *Travailler*, 18, 159-182.

Quaderi A. (2004), Violence traumatique en gériatrie, *Revue de Psychothérapie Psychanalytique de Groupe*, 42, 105-171.

Raix A. (1995), Psychopathologie du travail et du chômage, *EMC Psychiatrie*, 37-886-A-10.

Rau R., Morling K., Rösler U. (2010), Is there a relationship between major depression and both objectively assessed and perceived demands and control, *Work and stress*, 24 (1), 88-106.

Renault E. (2009), Souffrance et critique sociale, en Périlleux T., Cultiaux J. (eds.), *Destins politiques de la souffrance*, Toulouse, Erès.

Revuz C. (1999), Traitement du chômage/ Maltraitance des chômeurs ... et des professionnels de l'emploi, *Actes du II Colloque Internatoinal de Psychodynamique ey Psychopathologie du Travail "Violence et travail"*, París, CNAM.

Roquelaure Y., Ha C., Leclerc A., Touranchet A., Sauteron M., Imbernon E., Goldberg M. y 80 médicos laborales de la región de Pays de la Loire (2005), Surveillance des principaux troubles musculo-squelettiques et de l'exposition au risque dans les entreprises en 2002 et 2003, *Bulletin épidémiologique hebdomadaire*, 44-45, 224-226.

Roiphe H., Galenson E. (1987), *La naissance de l'identité sexuelle*, París, PUF.

Rosé D. (1997), *L'endurance primaire*, París, PUF.

Saada R. (2003), Le CHSCT, acteur de la prévention, *Droit ouvrier*, 656, 90.

Sadock V. (2003), L'enjolivement de la réalité, une défense féminine? Étude auprès des auxiliaires puéricultrices, *Travailler*, 10 (2), 93-106.

Salmona M. (1994), *Les paysans français. Le travail, les métiers, la transmission des savoirs*, París, L'Harmattan.

Sami-Ali M. (1980), *Le banal*, París, DUnod.

Sandret N., Huez D. (2008), Clinique médicale du travail, *Archives des Maladies Professionnelles*, 69 (2), 359-361.

Schütz A. (1971), *Le chercheur et le quotidien*, París, Méridiens Klincksieck, 1987.

Sennett R. (1998), *Le travail sans qualités. Les conséquences humaines de la flexibilité*, París, Albin Michel, 2000.

Sigaut F. (1990), Folie, réel et technologie, *Techniques et culture*, 15, 167-179.

Sivadon P. (1951), Le travail des malades à l'hôpital psychiatrique, *Information Psychiatrique*, 6, p. 158.

Sivadon P. (1952), Psychopathologie du travail, *L'Évolution psychiatrique*, 3, 441-474.

Smadja C. (2001), *La vie opératoire*, París, PUF.

Spence J.T., Robbins A.S. (1992), Workaholism: definition, measurement, and preliminary results, *Journal of Personality Assesment*, 58 (1), 160-178.

Spérandio J.C. (1984), *L'ergonomie du travail mental*, París, Masson.

Spire A. (2008), *Accueillir ou reconduire. Enquête sur les guichets de l'immigration*, París, Raisons d'Agir.

Stellman J.M. (2000), *Encyclopédie de sécurité et de santé au travail*, Genève, Bureau International du Travail.

Sznelwar L., Massetti M. (2002), Atteinte corporelle et/ou souffrance psychique? Une étude clinique à partir du vécu des travailleurs souffrant de TMS, *Travailler*, 8, 177-198.

Tennant C. (2001), Work-related stress and depressive disorders, *Journal of Psychosomatic Research*, 51 (5), 697-704.

Tessier H. (2011), Clinique du travail et évolution du droit: à propos d'un suicide au travail, *Travailler*, 26, 111-126.

Thomassin C. et al. (2009), Enquête en Seine-Saint-Denis sur les violences sexuelles faites aux femmes au travail (Enquête VSFT-93), *Travailler*, 22, 59-78.

Torrente J. (2004), *Le psychiatre et le travailleur. Cheminement de la psychopathologie du travail d'hier à demain*, París, Doin.

Tosquelles E. (1967), *Le travail thérapeutique en psychiatrie*, Toulouse, Erès.

Touraine A. (1965), *Sociologie de l'action*, París, Seuil.

Touraine A. (1982), Les conduites de chômage, *Prospective et Santé*, 23, 13-16.

Trist E., Murray H. (1993), The social engagement of social science. A Tavistock Anthology, Volume II, *The socio-technical perspective*, Philadelphia, University of Pennsilvania Press.

Valette J.C. (2002), Subjectivité et action collective, *Travailler*, 8, 73-86.

Veil C. (1957), Phénomenologie du travail, *L'évolution psychiatrique*, 4, 693-721.

Veil C. (1957), La fatigue industrielle et l'organisation du travail. La notion de détérioration, *Archives des maladies professionnelles*, 18 (1), 33-37.

Venisse J.L. (1991), *Les nouvelles addictions*, París, Masson.

Verdon B., Chabert C. (2008), *Psychologie clinique et psychopathologie*, París, PUF.

Vézina M., Saint-Arnaud L. (2011), L'organisation du travail et la santé mentale des personnes engagées dans un travail émotionnellement exigeant, *Travailler*, 25, 119-128.

Voswinkel S. (2007), L'admiration sans appréciation. Les paradoxes de la double reconnaissance du travail subjectivé, *Travailler*, 18, 59-88.

Vygotsky L. (1934), *Pensée et langage*, París, Editions Sociales, 1985.

Wallon H. (1942), *De l'acte à la pensée*, París, Flammarion, 1978.

Walter M. (2001), *Quels sont les facteurs de risque précédant la crise suicidaire? Le point de vue du clinicien. La crise suicidaire. Reconnaître et prendre en charge (conférence de consensus)*, París, John Libbey Eurotext.

Wang J. (2005), Work stress as a risk factor for major depressive episodes, *Psychological Medicine*, 35 (6), 865-871.

Weil S. (1951), *La condition ouvrière*, París, Gallimard.

Wharton A. S. (2004), Femmes, travail et émotions: concilier emploi et vie de famille, *Travailler*, 12 (2), 135-160.

Whul S. (1991), *Du chômage à l'exclusion*, París, Syros.

Winnicott D.W. (1951), *Jeu et réalité*, París, Gallimard, 2002.

Zulmira Rossi E., Magnolia Mendes A. (2009), Stratégie de défense et anesthésie de la douleur dans l'étiologie des TMS, *Travailler*, 22, 101-120.

Esta edición se terminó de imprimir en Multi Group S.R.L.
Av. Belgrano 520 - Ciudad de Buenos Aires,
en el mes de julio de 2020
www.multigraphic.com.ar